ANALYSE

RAISONNÉE

DE

L'ESPRIT DES LOIX.

ANALYSE

RAISONNÉE

DE

L'ESPRIT DES LOIX,

DU PRÉSIDENT

DE MONTESQUIEU,

Pour faciliter l'intelligence de plusieurs endroits
de cet Ouvrage.

Par M. PECQUET.

A PARIS,

Chez NYON, Quai des Augustins,
à l'Occasion.

M. DCC. LXVIII.
Avec Approbation & Privilege du Roi.

ANALYSE

RAISONNÉE

DE

L'ESPRIT DES LOIX.

a

AVERTISSEMENT.

L'ESPRIT des Loix a été avec raison regardé comme un chef-d'œuvre de génie. Cette entreprise ne pouvoit être exécutée que par un homme d'une profonde érudition, & qui eût prodigieusement lû.

Les vûes de l'Auteur ont été grandes, & ses intentions droites, mais il n'est pas étonnant que dans l'exécution d'un aussi vaste dessein, il lui soit échappé des choses, ou

réellement hafardées , ou qui
en euffent l'apparence , par
l'impoffibilité de développer
également tous les points , &
de leur donner une telle pré-
cifion , que l'imagination du
Lecteur ne trouvât plus de
quoi s'égarer.

Les hommes humiliés com-
munément par l'éclat de certaines productions, qu'ils fentent bien être au-deffus de
leurs forces , fe portent affez
volontiers à chercher de préférence des objets de critique , comme fi c'étoit un
moyen de fe venger d'une fu-
périorité qui bleffe leur amour
propre ; & où n'en trouve-

t-on pas des objets de critique, quand ont lit avec l'intention d'en trouver? Ne seroit-ce pas là le principe de cette opinion générale. *Qu'on ne critique que les bons Livres.*

Cette foiblesse a peut être en part à quelques-unes des critiques que celui-ci a essuyées.

Mais ce n'est pas le seul effet qu'il ait produit dans le Public. Il y a formé plusieurs classes de sensations toutes différentes.

Les uns l'ont lû simplement comme un ouvrage d'érudition.

D'autres l'ont regardé comme une Leçon utile pour tou-

tes les efpéces de Gouvernemens, mais trop abftraite &
trop chargée de méthaphyfi-
que.

Il y en a beaucoup, aux-
quels le plan même de l'Auteur a échappé tout entier ;
nous tacherons de le développer exactement dans le
dernier Paragraphe de cet
Ouvrage.

Il y en a enfin, qui en ce
qu'il traite de la Religion, ont
penfé qu'il en fubordonnoit
trop les intérêts, ou les pratiques aux influences Phyfi-
ques des Climats, ou aux intérêts Politiques des différentes conftitutions d'Etats ; du

moins il me semble que c'est
surquoi l'Auteur a été le plus
vivement attaqué.

La modération de ses dé-
fenses nous auroit été une
nouvelle preuve de la droiture de ses intentions, & peut
être auroit-il pu se plaindre
plus amerement, qu'il n'a fait,
qu'on ne l'avoit pas assez étu-
dié ni médité, malgré la pré-
caution qu'il avoit eûe dans
sa Préface de demander qu'on
ne se pressât pas de juger en
un moment un Ouvrage, qui
lui avoit couté vingt années
de travail.

*Non meum tantas compo-
nere lites.* Je ne prends point

aujourd'hui la plume pour me joindre à ſes Adverſaires, ni dans le deſſein de le défendre ſur les défectuoſités réelles qu'il peut avoir.

Je me propoſe ſeulement en faiſant une Analyſe raiſonnée, & pourtant fort abregée de cet Ouvrage, d'en rendre la lecture plus familiere, & d'y mettre, en renverſant l'ordre que l'Auteur a ſuivi dans ſes Chapitres, une liaiſon de penſées ſur les mêmes matiéres, ou qui n'y eſt pas, ou qui n'y paroît pas aſſez. Peut être ce coup de lumiere pourra-t-il le juſtifier de bien des reproches, parce que ſouvent deux

propofitions, qui, féparées &
iſolées, bleſſent ou ne ſatis-
font pas, préſentent lorſ-
qu'on les rapproche, un ſens
tout différent, & propre à
faire tomber la critique. Je
ne me refuferai pas à quelques réflexions, s'il s'en offre
à mon eſprit, que je croye
propres, à répandre de la lumiere ſur mon modele. Chaque matiere fera l'objet d'un
Paragraphe.

Je ne me foumettrai point
à l'ennui de copier. Je ne pré-
tendrai point non plus à l'honneur d'être Auteur en une matiere auſſi ſublime & auſſi vaſte, & je recueillerai aſſez de

gloire de mon travail, fi je puis rendre l'ouvrage origi- nal plus facile à entendre , & par conféquent plus utile dans les vûes qui ont occupé l'il- luftre Auteur que nous regre- tons encore.

Pour remplir notre objet, autant que nous le pourrons, nous raffemblerons fur cha- que conftitution, fur chaque climat, & ainfi du refte, les principes & les conféquences dont l'Auteur a formé des claffes différentes , & trop éloignées les unes des autres ; enforte que l'on puiffe voir d'un même coup d'œil tout ce qui appartient à chaque

Gouvernement, à chaque Climat, &c.

Par-là, l'attention moins partagée fera plus entiere pour chaque objet, l'on pourra mieux fuivre l'Auteur, mieux entrer dans fon efprit, & juger s'il a véritablement erré en quelques points. Je crois en voir plufieurs fur lefquels il a répondu à fa penfée, & fur lefquels par conféquent il ne lui a manqué que de s'être expliqué.

Je laifferai de côté tout ce qui n'eft qu'hiftorique fur les Loix Romaines, concernant les fucceffions, ainfi que fur les Loix civiles & Féodales des François, partie que l'on peut regarder dans cet Ouvrage comme une efpéce de corps étranger.

Je pafferai le vingt-deuxiéme Livre fur les Monnoyes, qui n'eft proprement qu'un Traité fur le Change, matiere déja traitée mieux & plus amplement dans quelques Ouvrages, & fur laquelle les Banquiers & les Gens de commerce nous donneroient de meilleures leçons, que toutes celles que l'on pourroit puifer dans ce Livre, que d'ailleurs il faudroit copier tout entier, parce qu'il n'eft pas fufceptible d'être extrait.

Je fupprimerai auffi tout ce
ui dans le neuviéme & le
'xiéme Livre concerne le
pport des Loix avec la force défenfive & offenfive des
Etats, parce que non-feulement on a fait ufage dans
l'Efprit des maxines politiques
de ce que ces deux Livres
pouvoient contenir de meil-
leur, mais parce que même
on y a traité ces deux objets
dans une plus grande étendue, que n'a fait M. de Montefquieu. Enforte que cela
n'auroit fait qu'une répéti-
tion inutile.

Pour la commodité de ceux
qui en nous lifant, voudroient

recourir au texte , nous au
rons foin de reclamer en mar-
ge les Livres & les Chapitres,
& lorfque nous nous trouve-
rons en quelque différence
de fentimens , foit fur les
principes ou fur les conféquences, nous en avertirons à
mefure , fans cependant inter-
rompre le cours de notre
Differtation, afin que le Lecteur foit en état en compa-
rant de porter fon jugement,
& de fe décider entre l'Auteur & l'Obfervateur.

La nouvelle Edition des
Œuvres de M. de Montef-
quieu n'étant point encore
achevée quand on a com-
mencé

mencé à travailler à cette Analyse, l'on a suivi l'Edition *in-4°.* de Geneve, chez Barillot & fils, qui se trouve presqu'entre les mains de tout le monde.

Le même Libraire avertit qu'il vend aussi du même Auteur, l'*Esprit des Maximes politiques*, in-4°. broché 9 livres, in-12. 2 vol. brochés 5 livres, & les *Loix Forestieres*, in-4°. 2 vol. reliés 25 livres.

TABLE
DES PARAGRAPHES.

Fin de la Table des Paragraphes.

APPROBATION.

J'Ai lu par ordre de Monseigneur le Chancelier, un Manuscrit ayant pour titre *Analyse raisonnée de l'Esprit des Loix du Président de Montesquieu*, & je n'y ai rien trouvé qui puisse en empêcher l'impression. A Paris ce 18 Décembre 1757. *Signé*, MARCHAND.

PRIVILEGE DU ROI.

LOUIS, par la grace de Dieu, Roi de France & de Navarre : A nos amés & féaux Conseillers les Gens tenans nos Cours de Parlement, Maîtres des Requêtes ordinaires de notre Hôtel, Grand Conseil, Prevôt de Paris, Baillifs, Sénéchaux, leurs Lieutenans Civils & autres nos Justiciers qu'il appartiendra ; SALUT. Notre amé le sieur

PECQUET, Nous a fait expofer qu'il defireroit faire imprimer & donner au ublic un Ouvrage qui a pour Titre *nalyfe raifonnée de l'Efprit des Loix de M. de Montefquieu*, s'il Nous plaifoit lui accorder nos Lettres de Privilège fur ce néceffaires : A CES CAUSES, voulant favorablement traiter l'Expofant, Nous lui avons permis & permettons par ces Préfentes de faire imprimer ledit Ouvrage autant de fois que bon lui femblera , & de le faire vendre & débiter par tout notre Royaume pendant le temps de *douze* années confécutives , à compter du jour de la date des Préfentes. Faifons défenfes à tous Imprimeurs, Libraires & autres perfonnes , de quelque qualité & condition qu'elles foient, d'en introduire d'impreffion étrangere dans aucun lieu de notre obéiffance ; comme auffi d'imprimer ou faire imprimer , vendre , faire vendre , débiter ni contrefaire ledit Ouvrage , ni d'en faire aucun Extrait fous quelque prétexte que ce puiffe être, fans la permiffion expreffe & par écrit dudit Expofant ou de ceux qui auront droit de lui , à peine de confifcation des Exem-

plaires contrefaits, de trois mille livres
d'amende contre chacun des contreve-
nans, dont un tiers à Nous, un tiers à
l'Hôtel-Dieu de Paris, & l'autre tiers
audit Expofant ou à celui qui aura droit
de lui, & de tous dépens, dommages
& intérêts ; à la charge que ces Préfentes feront enregiftrées tout au long fur
le Regiftre de la Communauté des Imprimeurs & Libraires de Paris, dans
trois mois de la date d'icelles, que l'impreffion dudit Ouvrage fera faite dans
notre Royaume & non ailleurs, en bon
papier & beaux caractères, conformément à la feuille imprimée attachée pour
modèle fous le contre-fcel des Préfentes ;
que l'Impétrant fe conformera en tout
aux Réglemens de la Librairie, & no-
tamment à celui du 10 Avril 1725 ;
qu'avant de l'expofer en vente le Manuf-
crit qui aura fervi de copie à l'impreffion
dudit Ouvrage fera remis dans le même
état où l'approbation y aura été donnée
ès mains de notre très-cher & féal Che-
valier Chancelier de France le fieur de
Lamoignon, & qu'il en fera enfuite
remis deux exemplaires dans notre Bi-
bliotheque publique, un dans celle de

notre Château du Louvre, & un dans
celle de notre très-cher & féal Cheva-
lier Chancelier de France le sieur de
Lamoignon ; le tout à peine de nullité
des Présentes, du contenu desquelles
vous mandons & enjoignons de faire
jouir ledit Exposant & ses ayans causes
pleinement & paisiblement, sans souffrir
qu'il leur soit fait aucun trouble ou em-
pêchement. Voulons que la Copie des
Présentes, qui sera imprimée tout au
long au commencement ou à la fin dudit
Ouvrage, soit tenue pour dûement signi-
fiée, & qu'aux Copies collationnées par
l'un de nos amés & féaux Conseillers
Secretaires, foi soit ajoutée comme à
l'Original. Commandons au premier
notre Huissier ou Sergent sur ce requis,
de faire pour l'exécution d'icelles tous
Actes requis & nécessaires, sans demander autre permission, & nonobstant cla-
meur de Haro, Charte Normande & Lettres à ce contraires : CAR tel est notre
plaisir. DONNÉ à Versailles le vingt-hui-
tiéme jour du mois de Décembre l'an de
grace mil sept cent cinquante-sept, & de
notre regne le quarante-troisiéme. Par le
Roi en son Conseil. *Signé*, LE BEGUE.

xxiv

Regiſtré ſur le Regiſtre quatorziéme dé la Chambre Royale des Libraires & Imprimeurs de Paris, No. 268. fol. 245; conformément au Réglement de 1723. qui fait défenſes, Article 4. à toutes perſonnes de quelque qualité & condition qu'elles ſoient, autres que les Libraires & Imprimeurs, de vendre, débiter, & faire afficher aucuns Livres pour les vendre en leurs noms, ſoit qu'ils s'en diſent les Auteurs ou autrement; & à la charge de fournir à la ſuſdite Chambre neuf exemplaires preſcrits par l'Article 108. du même Réglement. A Paris le 30 Décembre 1757.

Signé, SAVOYE, Adjoint

ANALYSE

ANALYSE
RAISONNÉE
DE
L'ESPRIT DES LOIX,
DU PRÉSIDENT
DE MONTESQUIEU.

PARAGRAPHE PREMIER.

Des Loix en général.

DANS le fein de la Divi- L. 1. C.
nité réfident de toute 1.
éternité les principes, qui
régiſſent tous les Eſtres
exiſtans, ſoit intelligens, ſoit phi-
ſiques ; principes qui ne ſont pas

A

cependant tous susceptibles du nom de Loix, que le Président de Montesquieu leur donne, puisque, selon Grotius, nous devons entendre sous le nom de Loi, un droit duquel peut résulter un titre de mérite ou de démérite.

C'est conséquemment & en rapport à ces principes, que Dieu a créé tous les Estres; & c'est par ces mêmes principes qu'ils naissent, qu'ils sont conservés, & qu'ils finissent.

Il n'y a d'Estre intelligent sensible que l'homme, soumis comme Estre phisique à ces principes invariables, & s'écartant souvent malheureusement, comme Estre intelligent, des Loix inspirées, révélées ou écrites.

Tous les autres Estres sont des objets simples des principes phisiques; tels les plantes, les mineraux, tels les animaux, & c'est ce qui compofe le monde matériel.

La durée végetative des premiers, la durée fenfitive des autres,
eft en rapport continuel & néceffaire avec ces principes immuables
qui les régiffent, & dont l'ordina-
tion ne change jamais. Le premier
Singe, fans inftruction, a fait, & n'a
fait que ce que fait aujourd'hui fon
femblable. Le premier Gland s'eft
développé comme il fe développe
actuellement. La progreffion des
minéraux a toujours demandé le
même tiffu, & le même arrange-
ment de la matiere premiere.

Il n'eft pas douteux qu'avant
qu'il y eût aucunes Loix, les vérités d'où naiffent les principes du
jufte & de l'injufte, exiftoient dans
le fein de la Divinité, & qu'il y
avoit une raifon primitive, qui devoit être la fource de toutes les
Loix & de leurs différens rapports
quelconques.

C'eſt là qu'il faut chercher les Loix de la nature, qui ſont en rapport avec la conſtitution de notre Eſtre.

L'homme, dans l'état de nature, auroit l'idée d'un Créateur. Sans pouvoir encore avoir d'idées ſpéculatives, il auroit celle de la conſervation de ſon Eſtre, & par conſéquent, celle de la multiplication de ſon eſpéce. Chacun auroit peur de ſon ſemblable, parce que l'un ne connoîtroit pas, ou craindroit la force de l'autre. Raprochés & réunis pluſieurs enſemble, ils puiſeroient dans cette raiſon primitive des Loix en rapport à leur ſituation générale, & à leur conſervation particuliere; & partant de ces principes il me paroît, comme à M. de Monteſquieu, que malgré le ſyſtême de Hobbes, le premier état naturel de l'homme auroit été un état de paix.

L. ɪ. C.

L'inftant de l'exiftence de quelque fociété que ce foit, a été celui 3.
de la formation de quelque Loi.
La raifon primitive en a donné le
canevas , quant aux objets généraux ; les idées fpéculatives en ont
déterminé les applications particulieres, en rapport à toutes les différentes natures de befoins. C'eft
dans cette fource inépuifable que
les premiers Légiflateurs ont puifé.
De là, mille objets de rapports différens; tels le phifique ou le climat, la
conftitution formée ou à former, la
fituation, la Religion, le commerce, le génie général qui a tant de
dépendance du climat. On recon-
noît là le droit civil & le droit
public intérieur, & l'on en conclut, avec raifon, que peu de Loix
particulieres peuvent être adaptées & propres à plufieurs fociétés.
Nous remettons à parler ailleurs
de l'origine des fouverainetés, fur

lesquelles on ne peut regarder ce qu'en dit ici notre Auteur, que comme une opinion particuliere.

Lorsqu'il y a eu plusieurs sociétés, le besoin réciproque de la conservation a tiré de cette même raison primitive un autre genre de Loix générales, qui ont formé le droit des gens, connu par plusieurs pratiques, même chez les peuples qu'on honore du nom de Sauvages; je dis *honorer*, parce que peut-être y a-t-il chez eux une probité politique plus sûre & plus héréditaire que dans bien des pays policés.

C'est de là que part M. de Montesquieu, pour commencer à examiner, quels doivent être les rapports des Loix avec la nature & le principe de chaque gouvernement.

Mais pour ne nous point écarter de la méthode que nous nous som-

mes propofée, avant que de le
fuivre dans cette vafte carriere,
nous parlerons ici tout de fuite des
rapports, que les Loix doivent
avoir dans l'ordre des chofes fur
lefquelles elles ftatuent, parce que
cela nous a paru tenir à l'examen
des Loix en général.

Un nombre confidérable de L. xxvi.
Loix fe cumulant, pour ainfi dire, C. 1.
& peut-être trop (or ce trop eft
un malheur) dans la régie & dans
le gouvernement de chaque Peuple en foi, & de tous refpective-
ment entr'eux, les différens objets
de cette adminiftration doivent
donc avoir chacun des Loix particulieres qui leur foient propres,
& qu'un objet ne pourroit pas fans
inconvénient, emprunter d'un
autre ; fans cela elles porteroient à
faux, & mettroient le défordre
dans l'harmonie générale.

Un des plus confidérables feroit L. xxvi.
C. 2.

ſans doute, ſi l'on ſe méprenoit ſur l'application des Loix divines & humaines. Les premieres ſont immuables, & il eſt peut-être ſage autant que néceſſaire, vû l'empire des cauſes ſecondes & la nature de l'eſprit de l'homme, que les Loix humaines varient. Par cette mépriſe on dégraderoit, pour ainſi dire, les principes & la ſainteté des premieres. Les Loix humaines opérent le bien moral; mais le caractére propre des Loix divines eſt leur ſouveraine perfection, & le bien abſolu, qu'on ne peut pas confondre avec le bien eſtimatif. Les unes & les autres peuvent, ſans mélange, concourir quelquefois.

L. xxvi.   La Loi naturelle eſt ſouvent
C. 3.   gênée ou contredite par les Loix civiles, parce que la méchanceté des hommes a fait naître des beſoins ou des néceſſités de punition,

que la raiſon primitive dont nous
avons parlé précédemment , n'a
pas pû prévoir.

C'eſt ce qui fait auſſi que ſou- **L. xxvi.**
vent les principes du droit naturel **C. 5.**
ont été modifiés par les Loix civiles ; mais ſi cette modification eſt
conforme à la raiſon primitive, elle
eſt donc bonne.

Notre Auteur a-t'il raiſon de **L. xxvi.**
vouloir juſtifier les Loix civiles & **C. 6.**
politiques , qui font des aînés, ou
qui excluent les filles, ſe fondant
ſur ce que le droit de ſuccéder n'eſt
pas une conſéquence de la Loi natu-
relle , qui n'oblige point les peres à
plus que la nourriture de leurs enfans?

Je ne dis pas , que quand une fois
la fantaiſie ou la vanité a fait faire
des réglemens de cette eſpéce , il
fût ſage moralement de les attaquer, ſur-tout s'ils ont acquis une
certaine date ; mais le premier qui
les a faits a-t'il ſuivi les lumieres de

la raison primitive ? Je ne le pense
point. Que l'ordre politique ou
civil l'ait fait dans des cas majeurs,
comme, par exemple, lorsqu'il
s'agit de succession à la Couronne, à cause des inconvéniens du
contraire, à la bonne heure ; mais
dans le cours ordinaire de la socié·
té, cela ne me paroît pas aussi
excusable. L'enfant qui naît légi-
timement appartient à la nature,
sans qu'elle puisse rougir d'aucun,
& il ne peut point cesser de lui
appartenir. La même tendresse de
la nature, qui oblige les peres à
nourrir leurs enfans, ne peut pas
leur conseiller d'en dépouiller aucun.

Aussi n'est-ce pas légerement &
sans rapport à la raison primitive,
que l'on est si difficile sur l'admis-
sion des exhérédations. Toute la
différence dans les différens cas,
c'est que l'une est exprimée &

l'autre muette. Le droit écrit, le plus fage fans doute & le plus épuré de tous, n'a pas même admis le filence abfolu en ce genre, comme une exclufion.

La raifon primitive s'oppofe à à ce qu'un pere donne fes biens à des étrangers au préjudice de fes enfans, ou à ce qu'il ne les donne qu'à un, fi n'étant réellement qu'ufufruitier, ils ont tous, par la nature un droît égal. Or tous les hommes exiftoient dans Adam, avant qu'il exiftât aucune Loi po-litique & civile, ainfi que tous les chênes que la nature a produits depuis, exiftoient dans le premier gland que Dieu a créé.

L'on ne peut rien conclure en faveur du fyftême de notre Auteur, des différentes difpofitions fur l'é-tat des bâtards, & peut-être même que bien examinées, elles pref-criroient contre fon opinion.

L. xxvi.   S'il ne faut point décider par les
C. 7.   préceptes de la Religion, lorfqu'il
s'agit de ceux de la Loi naturelle,
ce n'eft pas que le droit de nature
& le droit divin puiffent jamais fe
trouver en contradiction, ce qui
feroit abfurde & même impie à
penfer, mais uniquement parce
que le précepte divin a perfection-
né la Loi naturelle, ou qu'il eft
plus parfait. C'eft une matiere, que
je traiterai plus à fond quelque
jour dans un ouvrage deftiné à
faire connoître l'accord parfait de
toutes les efpéces de droit.

L. xxvi.   Il eft conftant que le droit cano-
C. 8.   nique & le droit civil confiderent
un même objet fous des afpects
différens. Tel un vol ordinaire dif-
ferera d'un vol fait dans une Eglife.
C'eft ce qui fait encore fi fréquemment les caufes mixtes, & ce qui
conftitue les cas privilégiés ou non
privilégiés.

S'il est vrai de dire, que les choses qui doivent être réglées par les
principes du droit civil, peuvent
rarement l'être par les principes
des Loix de la Religion, je pense
qu'on doit modifier la raison qu'en
donne notre Auteur, lorsqu'il dit
que les Loix de perfection tirées de la
Religion, ont plus pour objet la bonté
de l'homme qui les observe, que la
bonté de la société. Il me semble,
& je ne crois pas me tromper,
que tout ce qui tend à la bonté
de chaque individu, tend nécessairement & essentiellement à la
bonté de la société dont il fait partie. Si les Loix civiles ont, comme
il le dit, plus d'étendue, ce n'est
qu'une étendue de détail ; car par
exemple, pour dire d'avance quelque chose sur une matiere que nous
aurons occasion de traiter plus au
long, il ne sera pas vrai de penser,
que la Loi qui autorise ou prescrit

L. xxvi,
C. 9.

le célibat, fi elle eft bonne à l'individu, foit mauvaife à la fociété,
malgré les confidérations fur les
inconvéniens de la population
moins nombreufe. Il eft important
de ne pas confondre le bien moral particulier, avec le bien moral
général. La Loi du célibat eft
d'une grande perfection en elle-
même, & elle peut produire, comme elle produit en effet, beaucoup d'efpéces du bien moral général.

L. xxvi.   M. de Montefquieu, en éta-
C. 11. & bliffant, qu'il ne faut pas régler les
12.
Tribunaux humains, par les maximes des Tribunaux qui regardent
l'autre vie, s'éleve avec raifon
contre les Tribunaux d'Inquifi-
tion, comme contraires à toute
bonne police, & cela eft vrai, en
ce qu'il ne faut point donner à la
méchanceté humaine des moyens
d'agir, auffi dangereux. Mais il y

a des pays où la façon de penſer
ſur cette matiere varie, & reçoit
des exceptions. Il y a dans les
pays chauds des gens ſenſés, &
autant partiſans qu'ailleurs de la
liberté civile, qui prétendent que
la nature de leur climat leur rend
l'appareil de l'Inquiſition néceſſaire, & la terreur qu'elle inſpire
utile, parce que ſans cela les cer-
veaux conſtament plus imagina-
tifs dans ces climats, que dans les
climats froids, enfanteroient ſans
ceſſe des ſyſtêmes monſtrueux, ce
qui n'eſt pas à craindre ailleurs ;
& c'eſt effectivement aujourd'hui,
preſqu'à ce ſeul genre de précau-
tion, que ſe réduit l'exercice de
l'autorité des Inquiſitions, qui ne
ſont pour ainſi dire plus en ce
genre que des Tribunaux de police Eccléſiaſtique. On y a en horreur aujourd'hui l'idée ſeule des
injuſtices & des perſécutions exer-

cées dans les premiers temps de
l'établissement de l'Inquisition de
Goa, à les supposer telles que
quelques écrivains nous en ont
transmis les détails.

L. XXVI.
C. 15. &
16, Il est également constant qu'on
ne doit point régler par les principes du droit politique, les choses qui dépendent des principes du
droit civil, & réciproquement.

Le bien public par conséquent
ne doit point sacrifier le bien particulier. Il sera seulement juste,
que si ces objets du bien public in-
fluent sur le bien particulier, le
particulier y contribue, parce
qu'il y trouve une indemnité, &
que dès-lors la Loi civile est satis-
faite. C'est à quoi ne sont peut être
pas assez attentifs, ceux qui sont
préposés aux ouvrages publics, &
sous l'autorité desquels il se fait
des injustices de détail, que le
Souverain & ses Ministres immédiats

diats feroient bien éloignés de vouloir autorifer.

C'eft en cela effectivement que
confifte le chef-d'œuvre de la Loi
politique. Quand elle eft en accord avec la Loi civile, tout le
monde l'obferve avec empreffe-
ment. Auffi cette exactitude dans
l'obfervation eft-elle un moyen fûr
de juger, fi la Loi politique eft
bonne, & conforme à la raifon
primitive. L'on peut avec cette
bouffole, s'épargner la peine du
raifonnement pour & contre.

De même il ne fera pas fenfé,
fi l'objet de la Loi politique ceffe,
d'y vouloir fuppléer par la Loi civile de quelque pays que ce foit.
C'eft ce qu'on peut fort bien appliquer à l'inaliénabilité du Domaine, & au cas d'extinction de
la famille régnante dans un Etat.
Ce fera alors à la même autorité,
qui avoit établi la premiere Loi

B

politique, à y en substituer une
nouvelle, sur les principes politiques le plus rapprochés, qu'il se
peut, des premiers qui avoient
déterminé, & qui vraisemblablement étoient les bons, puisqu'ils
avoient subsisté long-temps & heu-
reusement. C'est principalement là
où réside ce respect si précieux pour
les Loix fondamentales des Nations, respect qui est lui-même en
tout Etat, la première Loi fondamentale.

L. XXVI.
C. 20.

Notre Auteur finit par cette
derniere proposition-ci, qu'il ne
faut pas décider par les principes
des Loix civiles, les choses qui
appartiennent au droit des gens.

La proposition peut être vraie en
général, mais il reste à examiner,
& c'est ce qui n'a pas paru frap-
per notre Auteur, s'il n'y a pas
dans ce qui appartient au droit des
gens, des choses qu'il ne faut pas

totalement ifoler des principes
des Loix civiles, reftant toujours
attachés à cette maxime fi importante, qu'ils ont l'un & l'autre une
origine commune dans la raifon
primitive, dont on n'a fait que
faire des applications différentes,
ainfi qu'on l'a pu voir, au commencement de ce paragraphe.

. Pourquoi donc des Traités publics faits par force, devroient ils
être plus obligatoires que des engagemens entre particuliers contrac-
tés par la violence. Suffira-t-il de
dire que le Prince n'eft point cenfé
forcé par les événemens, de faire
de ces Traités que Grotius nomme des Traités inégaux. L'intérêt
de la fociété générale nous oblige d'obferver, que cela peut arriver tous les jours vis-à-vis un Con-
quérant injufte & puiffant. Céder
au temps, ou être fubjugué par
les actes de violence d'un parti-

culier, me paroît en certains cas peu différent. Les sociétés entre elles, comme les individus d'une société particuliere entr'eux, reposent sur la foi des principes d'une équité réciproque. Il ne faut pas que l'une puisse être blessée plus impunément que l'autre.

Il nous reste, avant que de terminer ce paragraphe, à suivre notre Auteur dans ce qu'il dit sur la maniere de composer les Loix. Ce n'est pas une des parties la moins précieuse de son ouvrage.

L. XXIX. C. 1. L'esprit de modération doit être celui du Législateur, car le bien politique & le bien moral, ne simpatifent pas ordinairement avec les extrêmes, qui ne pourroient être que la cruauté ou la mollesse, celle-ci peut être aussi dangereuse, parce qu'elle ramene à la premiere. C'est dans ce sens que Cicéron nous apprend que *summum jus, summa injuria.*

Notre Auteur fait une juste application de cette maxime aux formalités de justice nécessaires à la liberté des Citoyens, & qu'il y auroit cependant trop d'inconvénient à multiplier; & cette maxime sera toujours vraie en toute matiere purement civile.

Ce n'est pas encore assez que cette modération qui ne regard- que l'intention de la Loi. Sa rédaction ne doit pas être un moindre objet d'attention, & elle exige plusieurs observations; il faut:

L. xxix, C. 16.

1o. Que le stile en soit concis. Tout le monde savoit par cœur la Loi des douze Tables qui fut dressée à Rome l'an 301. de sa fondation, & c'étoit en ce point une preuve de sa perfection.

2o. Que le stile en soit simple, caractere essentiel à la majesté du

Législateur, qui doit toujours se ressembler à lui-même.

3°. Qu'il n'y ait point d'expressions vagues, qui puissent donner lieu d'éluder les idées nettes des choses.

4°. Que le raisonnement soit toujours de la réalité à la réalité, & non pas de la réalité à la figure.

5°. Il faut que la candeur y préside & la dicte.

6°. Il ne faut donc point que la Loi soit subtile, ni qu'elle contienne aucunes exceptions, limitations, ni modifications, qui ne soient nécessaires.

7°. Il ne faut point, sans une grande nécessité & sans une raison suffisante, affoiblir une Loi faite, parce que la Loi affoiblie perd ordinairement plus qu'on n'a envie de lui faire perdre.

Il résulte encore de tout ce Livre qu'une profonde méditation sur la différence du temps & des circonstances est necessaire, pour juger sainement de ce que les Loix anciennes, qu'on voudroit imiter, étoient en elles-mêmes, & de ce qu'elles peuvent prêter de bon.

1°. Les Loix qui paroissent au premier coup d'œil, s'éloigner des vûes du Legislateur y sont souvent très-conformes; telle la Loi de Solon, qui déclaroit infâmes ceux qui, dans une sédition, ne prendroient aucun parti; Loi très-sage alors pour les petits territoires de la Grece, où il étoit important que les gens sages se montrassent pour en imposer aux fols.

2°. Il y en a dont les effets nécessaires contredisent les vûes mêmes du Législateur.

3°. Celles qui paroissent les mêmes n'ont pas toujours le même effet, ou n'ont pas été dictées par la même intention. Telle la défense faite par César d'avoir dans sa maison plus de soixante sesterces, comparée avec celle faite en France de nos jours, de conserver chez soi plus de 500 livres. La premiere obvioit à ce qu'il y eût de l'argent enterré, & opéroit le soulagement des pauvres. Celle-ci forçoit le public à prendre des effets qui n'avoient nulle valeur.

4°. Les Loix qui semblent contraires dérivent souvent du même principe & du même motif; telles les Loix Romaines & les nôtres, comparées sur les cas de contrainte par corps.

D'ailleurs il ne suffit pas encore pour juger des Loix des différens siécles & des différens pays sur le même sujet, de comparer une Loi avec une Loi. La législation a son histoire particuliere. Il faut comparer la filiation entiere de chacune, afin que des demi connoissances,

sances , toujous dangereuses en
pareille matiere, n'induisent point
en erreur. C'est un défaut que l'on
voit que notre Auteur a le plus soi-
gneusement évité, à en juger par
la maniere dont il discute chaque
Loi qu'il cite , & dont il va chercher l'esprit & les motifs , jusques
dans les ténebres de la plus ancienne législation, & de l'histoire
la plus reculée.

C

PARAGRAPHE II.

Des différens Gouvernemens.

L. II. C.
I. L. III.
C. I.

J'A v o u e que je n'ai point senti la force de la distinction, que notre Auteur paroît faire entre la nature & les principes du Gouvernement. Sa nature, dit-il, est d'être telle ou telle. Et son principe est ce qui le fait agir. Cela me paroît au fond un pur-pléonasme, & presqu'un jeu de mots. Il est de la nature d'un Gouvernement d'être Monarchique ou Républicain ; & c'est cette même nature, ou existence qui le fait agir par des mouvemens différens, puisqu'il n'agit de telle ou telle façon, que parce qu'il est l'un ou l'autre.

Or, comme on ne peut trop simplifier les idées, je ne suivrai point cette diflinction, qui, même dans le plan de notre Auteur, me paroît totalement inutile & fuper-flue, & qui, loin de répandre de la lumiere, jetteroit plutôt de l'obf-curité.

Il diflingue trois fortes de Gou-vernemens; le Républicain, dans lequel le Peuple en corps, ou bien feulement une partie du Peuple, exerce la Souveraine puiflance. Dans cette derniere efpéce eft con-fondue l'Ariflocratie.

Le Monarchique, où un feul gouverne, mais par des Loix fixes & établies.

Le Defpotique, où un feul, fans loi, ni régle, entraîne tout par fa volonté & fes caprices.

Quoique cette derniere efpéce de Gouvernement n'exifte point en Europe, & que je doute même qu'elle puiffe exifter parmi les Peuples Afiatiques, dont nous

connoiſſons peut-être aſſez peu
exactement la légiſlation, pour
nous imaginer qu'il n'y en exiſte
pas, je ſens bien qu'on l'a toujours
compris au nombre des diverſes
eſpéces de Gouvernement, &
qu'on a toujours cherché à lui attribuer des caracteres particuliers.
Pour qu'il y eût, même en Aſie,
un Gouvernement exiſtant de cette eſpéce, il faudroit ſuppoſer un
Etat, qui n'eût par lui-même aucunes Loix religieuſes & humaines
qui puiſſent contraindre la volonté ou les caprices du Souverain.
Ce ſeroit un Êſtre monſtrueux dans
l'ordre de l'humanité. Je n'en con-
nois point, & je le tiens impoſſi-
ble.

A Conſtantinople, un Mouſty
à la tête des gens de Loi, arrête
la volonté du prétendu deſpote,
ou du moins la fait héſiter. Les
Janiſſaires, à leur façon, y donnent

quelquefois auſſi la Loi. Le deſpotiſme eſt donc alors au moins
partagé, ſi l'on veut nommer cela
deſpotiſme. On ne doutera pas,
qu'à la Chine, il n'y ait un dépôt de
Loix confié, pour l'interprétation
& pour l'application, à différens
Ordres de Mandarins.

Il exiſte des Loix en Perſe, il
en exiſte au Japon. Il peut bien
n'y pas avoir de Tribunaux qui
ſoient autoriſés, & conſtitués pour
les reclamer; mais le deſpote qui
les mépriſe, trouve, ſi l'on peut ſe
ſervir de ce terme, ſa punition
ou ſon frein dans les révoltes publiques, qui tiennent lieu des re-
clamations, inconnues-là, & au-
toriſées ailleurs. Le deſpote peut
ſeulement abuſer plus qu'ailleurs
de ſon autorité. Autrefois, à Conſtantinople, toute tête pouvoit être
demandée par le deſpote; il n'y a
pas eu, depuis, de Loix nouvelles,

& cependant aujourd'hui l'on ne reçoit plus le cordon.

Je ne regarde donc cette eſpéce diſtincte que comme un être de raiſon, & je crois plus raiſonnable de définir le deſpotiſme, *l'abus du pouvoir Monarchique.*

Cependant comme notre Auteur dit, ſur cette partie, d'excellentes choſes, nous le ſuivrons dans ſa diviſion, en obſervant que le Deſpotiſme peut ſe trouver dans le Monarchique, ainſi que le Monarchique peut par foibleſſe dégénérer, quant aux effets, en Ariſtocratique, & même en Démocratique. Cela ne changera rien, ou ne changera que fort peu de choſe aux principes qu'il ſuppoſe dans le deſpotique, & aux conſéquences qu'il en tire, qu'il n'y a qu'à ſuppoſer renfermés dans la Monarchie abuſive.

PARAGRAPHE III.

Du Gouvernement Républicain.

DANS cette forme de gouver- L. II. C.
nement, où le Peuple eſt en 2.
même temps ſon Souverain à lui-
même & ſon ſujet , avec cet avantage ſingulier, qu'il peut ne ſe commander que ce à quoi il veut bien
ſe ſoumettre, il y a quelques Loix
fondamentales qui lui ſont propres
& particulieres.

1°. L'excluſion de tout étranger, parce que ſon admiſſion ſeroit
un partage & une diſtraction de la
Souveraineté. C'eſt par cette raiſon que tout étranger, qui ſe ſeroit
trouvé mêlé dans l'aſſemblée du
Peuple d'Athénes , auroit été puni
de mort.

2°. Les Loix qui établiſſent le
C iiij

droit de suffrage, & celles qui fixent
la maniere de le donner.

30. Le droit exclusif de faire
des Loix & de nommer ses Ministres & ses Magistrats.

La République a, autant que
le Monarque, besoin d'un Conseil
ou d'un Sénat, parce qu'il faut, à
la conduite des affaires, un mouvement ordonné qui ne soit ni trop
lent ni trop précipité, & dont
communément la multitude n'est
pas capable. Quand elle l'a choisi,
ce Conseil, & qu'elle en a fixé les
opérations, quant à l'objet général, il ne lui reste rien à faire,
parce que le choix des moyens
passe la portée de ce dont le Peuple est capable.

Je n'estime pas aussi décidé que
le pense notre Auteur, que le Peuple soit admirable pour choisir
ceux ausquels il doit confier quelque portion de son autorité.

Le Peuple Romain, qu'il cite,
a souvent fait de mauvais choix,
hors dans des cas de détresse &
de calamités, où l'on sentoit l'importance de ne se point méprendre.
Tel le choix du *Cunctator* pour
opposer à Annibal.

Les mauvais choix sont dans
les Républiques, comme ailleurs,
un effet de la brigue, qui, malgré les raisons alléguées par notre
Auteur, ne peut pas être un bien
dans une République. Que de
maux n'ont pas fait, dans les Républiques Grecques, les brigues
populaires ! Qu'on dise, qu'il y faut
un esprit d'émulation toujours sub-
sistant, & tendant au bien du gouvernement, & au soutien des principes essentiels de sa constitution,
il n'y a pas de doute à cela. Mais
la brigue est un grand mal en tout
ce qui est de détail ; & pourquoi
seroit-elle utile dans les Républi-

ques, pour opérer de bons choix; quand elle y eſt ſi préjudiciable dans les autres formes de gouvernement?

La nature du gouvernement Républicain veut que les éducations ſoient dirigées vers la vertu & l'amour de la patrie. Il eſt certain que la vertu, pourvû qu'elle ſoit ſimple dans les choſes exterieures, eſt un grand & ſûr moyen de réunir les ſuffrages de la multitude, & par conſéquent, ce ſera ſouvent une ambition ſecrette qui en ſera le mobile; mais à partir du moment préſent, il faut, pour que les enfans reçoivent ce genre d'éducation tendant à inſpirer l'amour de la patrie, que les peres en ſoient eux-mêmes remplis. Or cet amour dont nous parlons eſt une eſpéce de paſſion, & il n'y a rien que les peres communiquent plus aiſément à leurs enfans que leurs paſ-

fions. Les hommes naiſſans ne dé-
générent que parce que les hommes faits ſont corrompus. L'eſprit
des premiers temps de la République Romaine n'auroit jamais produit immédiatement un Sylla, un
Marius. Les décadences ont néceſſairement des dégrés progreſſifs.

C'eſt de quoi l'on voit que les   L. iv. C;
Légiſlateurs Grecs, dont nous ho- 6.
norons les vertus dans la perſonne
des ſept Sages de la Gréce, ſe ſont
ſérieuſement occupés, marchant
pourtant par des routes toutes différentes, & dictant des Loix d'in-
ſtitution ou d'éducation toutes oppoſées. Elles ont réuſſi ſans doute,
parce qu'elles étoient adaptées au
génie de chacune des Républiques
Grecques. Celles-ci ont réſiſté
plus ou moins long-temps aux
attaques qu'elles ont eſſuyées,
ſelon qu'elles ont été plus ou
moins fidélles aux Loix d'inſtitu-

tion qu'elles avoient adoptées.

L. v. C.
3.

Notre Auteur s'eſt, pour ainſi dire, ſurpaſſé ici en démontrant que la vertu dans le gouvernement Républicain, eſt l'amour même de la République, & que c'eſt un ſentiment qui peut ſubſiſter, même au milieu de la médiocrité de lumieres.

L'amour de la patrie conduit à la bonté des mœurs, qui, à ſon tour, aſſûre les effets de cet amour, parce que la privation particuliere conduit néceſſairement à la paſſion générale. Il cite très à propos à cette occaſion l'amour des Moines pour leur Régle & pour leurs Couvents.

L. v. C.
3.

Il enviſage l'amour de l'égalité & celui de la frugalité comme des effets néceſſaires de l'amour de la patrie; & en effet, on ne pourroit point ſortir, par ſes deſirs, de l'état d'égalité, ſans que ces

defirs fuffent deftructifs des principes mêmes de la République.

Par le fentiment de la frugalité,
l'on fe borne au pur néceffaire pour
foi & pour fa famille, & l'on fe
croit riche quand la République,
en général, eft puiffante. La République Romaine a dû diminuer de
puiffance & de richeffes quand les
mœurs fe font affez corrompues,
pour que les particuliers ne fe
foient pas fait un fcrupule de devenir riches.

Les Loix dans les Républiques
doivent tendre à former des gens
fages & d'honnêtes gens, plutôt
que de grands talens qui pourroient conduire à l'ébranlement
de l'égalité.

Il faut, pour que ces deux vertus ou ces deux fentimens fubfif- 4.
tent, que les Loix les ayent établis, & que ces Loix continuent
d'être honorées & refpectées com-

L. vi, C;

me des Loix fondamentales.

Les Loix qui ont pû avoir pour objet l'établiſſement de l'égalité , ont dû néceſſairement gêner les volontés particulieres , & régler toutes les diſpoſitions poſſibles à faire par contrat ou teſtament.

A quoi, ſans cela, auroit ſervi le partage des terres, qui fut regardé chez les Romains comme un premier moyen néceſſaire pour arriver à l'égalité ? Il falloit empêcher, que deux ou pluſieurs parts ne ſe trouvaſſent réunies dans la même main. Il falloit mettre des charges conſidérables ſur les riches , & procurer du ſoulagement aux pauvres, pour que les proportions, à peine établies , ne fuſſent pas rompues ou renverſées. J'ajouterai qu'il falloit encore empêcher les avaricieux de théſauriſer, parce que c'étoit une choſe contraire à la bonté des mœurs.

Pour établir & asſûrer la frugalité, il falloit que les parts fuſſent
petites. *A Dieu ne plaiſe*, diſoit
Curius à ſes Soldats, *qu'un citoyen*
eſtime peu de terre ce qui eſt ſuffi-
ſant pour nourrir un homme. Quand,
dans un Etat fondé ſur les Loix de
la frugalité, toutes les fortunes ſont
égalemenr petites, il ne faut pas
craindre qu'on s'écarte de la frugalité.

Le commerce cependant peut
donner de grandes richeſſes à un
particulier, ſans que pour cela les
mœurs ſe corrompent, ſi on l'aſſujettit lui & les ſiens à reſter dans le
commerce, parce que l'eſprit du
commerce entraîne avec lui la
frugalité, l'œconomie, le travail,
l'ordre & la régle, ſans leſquels la
plus floriſſante maiſon commerçante ne pourroit manquer de ſe
ruiner promptement.

Un Marchand Millionnaire en

Hollande n'eſt point regardé comme un eſtre deſtructif du ſyſtême
Républicain, tant qu'il reſte attaché au commerce. Il y eſt au contraire eſtimé un homme utile à la
République, parce qu'il fait vivre
beaucoup de gens, inſtrumens néceſſaires de ſes entrepriſes. Il ne
reſtera plus pour remplir l'eſprit
des anciens Légiſlateurs, que d'empêcher qu'il ne diſpoſe, hors du
commerce, des richeſſes qu'il y a
acquiſes.

L. vi. C.
7.

 Il eſt encore eſſentiel au maintien d'une République, que ſon
Sénat ou ſes Magiſtrats s'attachent
aux inſtitutions anciennes, & y
rappellent le citoyen. C'eſt le
moyen d'aſſûrer les mœurs. Les
dates anciennes, en ce genre, ſont
toujours précieuſes. Nul Empire
ne diſpute d'ancienneté avec la
Chine, & nul pays n'a un corps
de Loix plus ancien ni plus continuellement

tinuellement respecté & observé.
Les anciennes institutions sont
toujours les bonnes, puisqu'elles
ont opéré le bien. Les nouvelles
ne sont ordinairement que des
demi-remédes ou des palliatifs. Ne
partir que de là, ce seroit donc renoncer à la perfection des mœurs,
ou accréditer le principe de leur
corruption.

Or, pour assûrer la subordination dûe aux Loix, il faut soutenir celle des citoyens aux Magistrats, celle des enfans aux peres,
& celle des jeunes gens aux vieil-
lards. Il faut, pour que les mœurs
soient bonnes, que les hommes se
familiarisent avec l'observation de
tous les devoirs existans ou possi-
bles ; & c'est un objet essentiel des
Loix en toutes formes de gouvernement Républicain.

Après les moyens généraux qui
peuvent opérer la conservation &

la profpérité d'une République, il
en eft de particuliers intérieurs,
qui ont pour objet d'empêcher ou
de prévenir la deftruction de ces
moyens généraux.

L. xi. C.
2. 3. 4.

Si la liberté n'eft pas également
dans tout gouvernement modéré,
de quelque nature qu'il foit, & fi
c'eft un appanage particulier de la
République, il faut que la liberté
confifte en ce qu'aucun citoyen ne
puiffe être obligé de faire ce qu'il
ne doit point vouloir ; & pourtant
il faut qu'il y ait des Loix qui l'af-
treignent à faire ce que, dans les
principes de la conftitution, il doit
vouloir : & cet affujettiffement
n'aura rien de contraire ni de deftructif de la liberté du citoyen,
parce que l'affujettiffement aux
Loix eft un genre de liberté.

L. xii. C.
18.

Il ne faut pas que la punition des
crimes de leze-majefté donne lieu
à une inftruction qui foit trop lon-

gue, parce que cela suppofe la néceffité de confier à quelqu'un un
pouvoir trop grand en lui-même,
dont on peut vouloir abufer , &
que par conféquent le Peuple doit
retirer le plutôt qu'il eft poffible,
pour rentrer dans le cours ordinaire des Loix d'adminiftration.
Rien de plus dangereux pour la
liberté Républicaine, que la multiplication , la cruauté & l'éclat
des châtimens.

C'eft auffi pour elle un danger
évident, que des conquêtes éloignées qui ne peuvent être gouver-
nées par le même fyftême démocratique du Peuple conquerant,
& où il faut envoyer des Officiers
qui réuniffent fur leurs têtes trop
de pouvoirs différens. L. xi. C 19.

Inconvénient en général des
conquêtes pour les Républiques,
qui rifquent toujours leur liberté
à gouverner, comme fujet, un Peu- L. x. C. 6. 7. 8.

D ij

ple étranger, & dont le gouvernement eft néceffairement odieux
aux Etats affujettis, qui ne jouiffent
ni des avantages de la République,
ni de ceux de la Monarchie.

Néceffité d'y établir un bon
droit politique & de bonnes Loix
civiles; chofe bien difficile, quand
il s'agit d'un Peuple qui n'eft pas
de nature à adopter le fyftême Démocratique. Il n'y a que le temps
qui puiffe affermir ces conquêtes
par le fecours des inftitutions d'é-
ducation, de façon qu'elles n'alté-
rent pas la folidité & les principes
du Peuple conquerant, & que le
Peuple, pour ainfi dire chef-lieu,
ne devienne pas la Puiffance acceffoire. Nous aurons encore occafion de parler ailleurs de cet inconvénient. Les ennemis d'Annibal
étoient peut-être de très-bons
citoyens, lorfqu'ils empêchoient
qu'on ne lui envoyât des fecours

suffisans pour achever la conquête de Rome. L'esprit de toute République est la paix & la modération.

Si les principes intérieurs du gouvernement se corrompent, la chûte est nécessairement prochaine ; & pour le gouvernement Républicain, il n'est rien qui soit plus à craindre que la cessation de l'esprit d'égalité dont nous venons de parler, ou que l'esprit d'égalité extrême, ainsi que s'exprime notre Auteur.

L. VIII§
C. 1. 2. 3.
4. 14. 15.
16. 20.

L'esprit d'égalité extrême seroit, si chacun vouloit être égal à celui qu'il a choisi pour lui commander. Il en naîtroit le renversement de toute subordination, & aucune autre espéce d'esprit d'égalité ne subsisteroit plus.

La solidité des Républiques réside dans l'immuabilité, pour ainsi dire, de deux points, qui ne doivent jamais souffrir ni mélange ni confusion ; la Puissance législative & la Puissance exécutrice. Quand le Peuple a donné son autorité, il n'a plus qu'à se faire rendre compte, & tout individu qui s'écarteroit de ce système, attaqueroit les principes essentiels du gouvernement Républicain.

C'est sur cela principalement que peut influer l'usage ou l'abus des grandes richesses ; & il y avoit sans doute beaucoup d'art dans le gouvernement Romain à attacher à certaines Magistratures la nécessité de dépenses très-considérables. C'étoit une espéce de moyen de rétablir ou de soutenir le système de l'égalité des biens. Un Magistrat rendoit au Public ce qu'il avoit acquis, peut-être à son préjudice, & dès lors il se raprochoit de l'égalité. C'est peut-être ce que font aujourd'hui, sans qu'on les en prie, les gens trop riches.

La néceffité de l'égalité des L. vii. C.
biens dans les Républiques, doit 1. 2.
en profcrire le luxe, & y rendre
utiles les Loix fomptuaires. L'efprit du luxe conduit à un attachement de préférence pour l'intérêt
particulier ; & ce dernier genre
d'intérêt prévaut bien-tôt fur l'intérêt général, qui eft cet amour
de la République dont nous avons
parlé précédemment ; & pour peu
que ces intérêts particuliers, dont
il y a des nuances infinies, vinffent
à fe multiplier, il ne feroit plus
queftion du tout de l'intérêt général. Nul exemple plus frappant fur
cela que celui de la République
Romaine. Elle ne pouvoit pas
manquer de périr par un vice effentiellement deftructif de l'efprit Républicain ; & cette vérité fera d'autant plus fenfible, fi l'on veut encore fe rappeler que rien n'eft plus

ordinaire que les mouvemens de
jalouſie, ſouvent même de haine,
contre ceux qui priment en quelque genre que ce ſoit, & que de là
peuvent & doivent naître les plus
grands déſordres & les plus vives
diſſentions. Or l'eſſence de l'eſprit
Républicain eſt le renoncement de
ſoi-même, & le rapport de tout
deſir particulier à l'intérêt général.

L. IX. C.　　Il eſt aiſé de ſentir, & cela n'a
p. 2, 3.　pas échapé aux lumieres de notre
Auteur, combien il eſt difficile,
malgré la légiſlation la plus intel-
ligente, qu'un corps de République ſe ſoutienne long-temps ſans
principes de deſtruction ; & il convient lui-même qu'enfin les hommes ſe ſeroient déterminés à reſter
ou à vivre ſous le gouvernement
d'un ſeul, ſans l'expédient d'un
genre de gouvernement Républicain, qui pourtant a beaucoup des
avantages de la Monarchie. C'eſt
ce

ce qu'il appelle une République
fœdérative, telle que la Hollande,
les Suiffes ; il y comprend même
l'Allemagne ; mais je ne penfe pas
qu'il ait raifon ; je trouve trop de
différence de celle ci aux deux autres, & cette différence n'a même
pas befoin de démonftration.

C'eft donc un concours de plufieurs petites fociétés, qui, trop
foibles pour réfifter feules, con-
fentent à former le corps d'une
fociété générale plus grande. Les
vices de l'adminiftration intérieure
n'y peuvent pas être auffi confidérables ; ils ne font jamais généraux,
ils fe réparent plus facilement :
chacune contribue à la charge publique, & leur réunion certaine,
toutes les fois qu'il s'agit de leur
confervation, eft pour chacune
une Loi fondamentale & effentielle. Ces fortes de Républiques
n'ont à fe défendre que des divi-

E

fions intérieures. La Suiffe fe ref-
fent encore de l'ébranlement de
la guerre du Toguembourg, qui
y a jetté des femences bien oppo-
fées aux principes conftitutifs d'une
République fœdérative.

L'Hiftoire ancienne fournit
beaucoup d'exemples de ces efpéces d'affociations, qui même fouvent ont opéré de grandes chofes,
mais qui pourtant ont péri par les
divifions, qui ont donné entrée aux
forces étrangeres, qui les fubjugue-
rent l'une par l'autre. Ce n'eft point
fans raifon que M. de Montefquieu
regarde ces Républiques exiftan-
tes, comme des Républiques éternelles.

Nous avons maintenant à parler
de la forme du gouvernement
Ariftocratique, qui tient tout-à-la
fois à la forme Républicaine, & à
la forme Monarchique, puifque le
Peuple n'y eft pas entierement dé-

pouillé de toute connoiffance de
fes affaires, & que c'eft un petit
nombre de nobles, qui par fon gouvernement, repréfente celui d'un
feul. Il y faut donc des principes
mixtes entre ceux qui conviennent
au Démocratique & au Monarchique, parce qu'il eft bien certain que quelqu'abfolu que puiffe
être le corps Ariftocratique, fon
pouvoir n'eft pas établi fur des
fondemens auffi inébranlables &
auffi indépendans que le pouvoir
Monarchique.

PARAGRAPHE IV.

Du Gouvernement Aristocratique.

L. II. C.
3.

L'ARISTOCRATIE peut être regardée comme une forme de Gouvernement singulier & bifarre, dont la durée exige que fans aucun extérieur trop imposant de la part des Nobles, comme nous l'allons dire plus bas, le Peuple foit tenu pauvre & foumis, & que cependant il lui foit laiffé des fonctions de détail peu importantes, qui ne lui donnent pas le temps de s'appercevoir qu'il eft efclave, & de fonger aux moyens de fecouer le joug; enforte qu'il ne faut pas que l'Ariftocratie ait rien de l'apparence de la Monarchie, mais qu'elle femble au contraire fe rapprocher entierement de la Démocratie.

De là, il fuit que la modération doit être l'ame de ce genre d'ad-miniftration, pour que tout ne conjure pas contre le corps des Nobles, dont les membres peuvent être foupçonnés, avec beaucoup de vraifemblance, de fe ménager réciproquement, & de faire peu de cas des Loix qui auroient pour objet de contenir la Nobleffe.

L. III. C. 4.

Les Nobles Ariftocratiques ne peuvent donc éviter trop toute diftinction extérieure, qui pourroit produire l'effet d'humilier le Peuple, & de lui rendre la différence des rangs trop fenfible. Il eft inconcevable combien quelquefois il faut peu de chofe pour plaire ou pour déplaire à la multitude, & avec quelle facilité ou à quel bon marché elle fait des facrifices à quiconque a fû lui être agréable. Ce font donc principalement des Loix

L. v. C. 8.

E iij

contre la vanité, qui font néceffaires dans cette forte de gouvernement.

Sans cela, l'énorme inégalité des
conditions produiroit des jalou-
fies & des haines, dont nulle Loi
ne pourroit, pour ainfi dire, arrêter
les effets. La Nobleffe Ariftocratique, par exemple, périroit bien-
tôt, fi elle fe refufoit à payer fa
part des tributs publics. Il lui faut
également éviter de fe charger du
recouvrement d'aucuns deniers,
ou de fe mêler du commerce, parce que les richeffes qu'elle acque-
reroit devenant odieufes au Peuple, quoique peut-être fort légiti-
mement acquifes, il ne refteroit
d'autre reffource à la Nobleffe que
celle d'amufer le Peuple par des
largeffes & des fpectacles coûteux,
qui guériffent l'efprit du Peuple
fur l'abus des grands biens à fon
préjudice. C'étoit le feul genre de

L. VII. C. 3.

luxe & de profufion qui fût permis
dans les Républiques Grecques,
où l'on avoit trouvé moyen par là
de rendre les richeffes autant à
charge que la pauvreté.

C'eft ce même fentiment qui
fait encore aujourd'hui, que l'on
murmure moins contre les riches,
qui femblent reftituer par les énor-
mes dépenfes qu'ils font, que contre ceux qui laiffent à leurs héritiers le foin de compter leur tréfor
inconnu.

Les Nobles ne peuvent être trop
attentifs à rendre juftice au Peuple; il eft important qu'il fe croye
toujours en état d'humilier l'orgueil de la domination. C'eft la
feule indemnité qu'il puiffe avoir ;
Encore fouvent eft-elle d'opinion.

Il feroit à fouhaiter dans cette
forme d'Etat, qu'il n'y eût aucune
diftinction de rangs entre les Nobles, pour que rien ne troublât

l'exercice de leur pouvoir; peut-être ſeroit-il de l'intérêt du Peuple que ces eſpéces dé dominateurs ne fuſſent pas ſi égaux ni ſi unis.

L. VIII. C. 5. La ruine du gouvernement Ariſtocratique ſeroit, que le pouvoir y devînt arbitraire, & que les familles gouvernantes puſſent ſe fouſtraire à l'obſervation des Loix. Il ne faut donc point que ce genre de pouvoir ſoit héréditaire, ce ſeroit la ruine du Peuple, & la Nobleſſe ſe relâcheroit bien-tôt, dès qu'elle n'auroit plus beſoin de mérite. La fin ſeroit, ou que le Peuple, ayant la ſupériorité, ſe mettroit en démocratie parfaite, ou que dans le cas contraire, l'Ariſtocratique ſe convertiroit en Monarchique.

PARAGRAPHE V.

Du Gouvernement Monarchique.

QUELQU'ENVIE que j'aye de ne me point feparer de mon modéle , quelque beau & quelque grand qu'il foit particulierement ici , je hazarderai pourtant de combattre quelques points de fon fyftême , en ce qu'il attache à chaque efpéce de gouvernement un principe particulier & unique , comme mobile néceffaire , duquel dépend fa ftabilité & fa confiftance.

Au gouvernement Républicain, dit-il , la vertu ou l'amour de la patrie ; au Monarchique, l'honneur ; au Defpotique, la crainte , comme fi , du moins pour les deux premieres efpéces de gouvernement, il ne falloit pas le concours de ces mêmes trois principes.

En effet, quelque forme qu'ayent les différens gouvernemens , ce ſont des individus pareils qùi y exiſtent , qui doivent être en général conduits par les mêmes princi-pes , & qui , dans le détail , ſont partout également ſuſceptibles d'amour , ou d'honneur , ou de crainte. Les hommes ſont partout hommes , il n'y a que du plus au moins. Où trouvera-t'on dans les Républiques cet amour de la pa-trie ſuffiſamment actif , ſi les con-ſidérations de l'honneur & de l'in-térêt particulier y ſont abſolument muettes ? Que deviendra une Mo-narchie où l'on ſuppoſera , que les ſeules conſidérations de l'honneur & de l'intérêt particulier agiront ſans aucun mélange de l'amour de la patrie , ou ſans la crainte de dé-plaire au maître qui gouverne ? On

ne craindra point de le dire, parmi
tant d'individus qui concourent
activement ou passivement dans
l'administration , un seul mobile
agissant ne suffira pas pour mettre tous les ressorts en jeu , &
pour remuer toutes les classes des
hommes. Le bon gouvernement
sera celui qui offrira des objets
déterminans à toutes les espéces
d'individus. Quand , par exemple,
dans des cas de besoins , le Peuple
paye au Monarque, sans murmu-
rer , sa part des charges extraordinaires , est-ce ce que l'on nomme
l'honneur qui agit sur lui ? Qü'a-
t'il à gagner en ce genre ? Ne sera-
ce pas plutôt un principe d'amour
de la patrie qui opérera ? Principe
presque inné dans les hommes de
chaque pays.

Je ne sai même, si l'on ne pourroit pas porter la proposition plus
loin , fondée sur ce que la partie

gouvernée & la partie gouvernante
ne doivent jamais être confidérées
feparément & disjonctivement ;
c'eft que le mobile néceffaire &
fuffifant, prefque en chaque forme
de gouvernement, eft l'amour de
la patrie ou de la chofe publique.
Le refte ne fera & ne devra être
que des mouvemens acceffoires.

Avec cette vertu, le Sénat ou
le Confeil dans la République, la
Nobleffe dans l'Ariftocratie, le
Souverain dans l'Etat Monarchique, géreront bien la chofe publique. Avec cette vertu la partie
gouvernée remplira exactement ce
qu'elle doit aux droits & aux fentimens attachés à la naiffance. C'eft
à cette vertu que les grandes &
pures intentions de notre Auteur
devoient s'attacher. Il la compte
pour peu de chofe dans le gouvernement Monarchique, qu'il recon-
noît pour le plus folide, le plus

durable & le plus parfait de tous les gouvernemens, & qui cependant ne pourroit pas avoir toutes ces propriétés, si ce premier principe si précieux n'y étoit pas acteur principal.

Je ne conclue pas de là qu'il ne faille dansle Monarchique rien mettre sur le compte de l'honneur; mais n'est-ce pas rendre trop inutile & trop impuissant l'amour de la patrie? N'est-ce pas trop dispenser les sujets d'un sentiment qu'ils ne doivent jamais abandonner, que de lui donner aussi peu de part & d'influence dans le gouvernementMonarchique? Suivons maintenant M. de Montesquieu dans tout ce qu'il dit d'admirable sur cette espéce de gouvernement. Ainsi que notre Auteur, nous parlerons en géréral & sans application à aucune Monarchie.

Il est de la nature du gouverne- L. II. C. 4.

ment Monarchique, qu'il y ait des pouvoirs intermédiaires, subordonnés & dépendans, des canaux moyens par lesquels coule, pour ainsi dire, la puissance de celui qui gouverne seul par des Loix fondamentales, & qui est la source & le centre de tout pouvoir politique & civil.

C'est en cela que consiste l'essence de la Monarchie, & par conséquent il y faut nécessairement des dépositaires des Loix.

De là il suit qu'il est essentiel à la Monarchie de conserver ces différens pouvoirs, ces canaux toujours ouverts, & les différentes prérogatives des corps publics, qui sont en chaque Etat des objets de droit public & politique.

M. de Montesquieu s'exprime-t'il assez exactement, quand il dit ici *que le pouvoir intermédiaire subordonné, le plus naturel est celui de la*

Noblesse? Les Seigneurs possedans
des Fiefs nobles , font la feule
partie du corps de la Noblesse dans
laquelle on puisse fuppofer quelque pouvoir intermédiaire fubor-
donné , au moyen des Juftices qui
leur font attachées.

Il ne s'agit pas d'examiner, fi ce
feroit un bien ou un mal de retirer
ces droits de juftice , pour les faire
rentrer dans leur premier dépôt ,
qui a été le Monarque , mais je ne
conviens pas avec notre Auteur,
que ce fût raprocher le Monarchique du Defpotique , puifque les
Loix fondamentales par lefquel-
les le Monarque gouverne , ne
fubfifteroient pas moins , & que
l'efpéce de diftraction qui a été
faite fur cela n'a jamais fait partie
des Loix fondamentales. Il ne refteroit donc qu'à favoir fi la juftice
feroit exercée plus ou moins bien,
plus ou moins avantageufement

pour les Peuples. Peut-être ce pouvoir intermédiaire leur est-il beaucoup plus lourd & plus à charge
que s'il étoit rentré dans les mains
du Monarque, qui n'auroit point
d'intérêts particuliers, desquels il
pût faire dépendre l'exercice de ce
pouvoir.

Le corps de la Noblesse auroit
pû être défini par notre Auteur un
nerf essentiel à la grandeur & au
soutien de la Monarchie. Ce sont
les descendans ou les imitateurs
(car il y a de nouveaux Nobles à
titre de mérite) de ses anciens dé-
fenseurs, précieux par la distinction de leurs sentimens, & par
cette élevation de courage, qui
dès les premiers instans & les premieres occasions, les familiarisent
avec les plus grands dangers.

Il n'est pas douteux que ce seroit
un mal que d'attaquer les prérogatives du Clergé, qui lui ont sans
doute

doute été données dans l'intention de rendre plus refpectable un
corps compofé de dépofitaires d'un
miniftere faint ; mais je ne fens pas
l'utilité que trouveroit notre Auteur, à ce qu'on travaillât à fixer
une bonne fois la Jurifdiction des
Eccléfiaftiques. On pourroit fe
méprendre, foit en leur ôtant quelque chofe, foit en leur attribuant
plus que la fageffe de nos Peres
n'a prétendu leur donner.

Ne fuffit-il pas à l'Etat confti-
tutif, de favoir que, felon les Loix
fondamentales de la Monarchie,
ce pouvoir eft un pouvoir fubor-
donné en ce qui regarde le politique & le civil, feule partie fur laquelle le Monarque ait eu à leur
donner, & que le concours ou
l'accord des deux Puiffances eft
néceffaire pour la tranquillité de
l'Etat, & particulierement pour
que, comme nous l'avons dit au

F

§. I. Liv. 26. Chap. 2. de notre
Auteur, il n'arrive point de méprife ou de confufion dans l'application des Loix divines & humaines.

Avec cette attention je ne vois
aucun genre de conftitution d'E-
tat, où le pouvoir Eccléfiaftique
puiffe être dangereux, pas même
la conftitution Républicaine, comme le croit notre Auteur.

Soit que les corps politiques
gardiens du dépôt des Loix, ayent
tenu leur pouvoir originairement
de la Nation, ou de la main du Monarque, une de leurs fonctions eft
effectivement d'annoncer les Loix,
quand elles font faites, & de les
rappeller fi on les oublie; & le Monarque, malgré fon pouvoir, qui
paroît fans bornes, fufpend les
mouvemens de fon autorité à la
voix de cette réclamation, pour
en pefer la valeur & la véritable

application, dans les vûes du bien public.

Le Conseil du Prince est principalement un Conseil d'administration , duquel cependant j'ajouterai, que rien n'empêche que le Monarque ne se serve, pour l'aider à examiner les représentations & les opérations des corps publics sur la partie de la législation ; car enfin , ces mêmes corps qui ne prétendent assûrément point à l'infaillibilité, peuvent errer dans l'application des Loix; & comment peuvent-ils être mieux réformés que par le Législateur même, aidé des lumieres de ceux, qu'il a associés à la partie la plus intime des affaires?

Tout-Etat , soit République ou L. III. C. Monarchie, a ses Loix de police S. & d'administration, elles ne sont ni plus ni moins dans l'une comme dans l'autre.

L'Etat même Monarchique,

quoi qu'en puisse dire notre Auteur, ne subsistera pas sans l'amour
de la patrie joint à l'amour de la
vraie gloire. L'Empire Romain n'a
trouvé sa chute que dans l'oubli
de ces grandes vertus politiques.

Les Loix n'opèrent que le bon
ordre intérieur. Ce ne sont pas elles
qui opèrent ces actions d'éclat propres à assûrer la grandeur de l'Etat ;
& loin que dans la Monarchie il
soit difficile que la partie gouvernée ait de la vertu dans le sens que
notre Auteur l'entend, je crois au
contraire, que c'est son mobile principal, ou que ce peut l'être.

Je n'ignore pas qu'il y a dans les
Cours des Monarques, des tableaux
originaux ressemblans au portrait
que trace M. de Montesquieu,
mais j'y ai connu de la probité.
J'y ai vû des gens qui, aimant le
Prince, croyoient bien sincérement
que c'étoit aimer l'Etat ; qui pou-

voient avoir la sagesse de ne point dire, sans nécessité, certaines vérités, mais qui ne s'y refusoient pas quand il y alloit de la gloire du Prince & du bonheur de son Peuple.

Quant à la citation du Cardinal de Richelieu, qui ne veut pas que l'on se serve de gens de bas-lieu, quelle induction en peut-on tirer? Ce n'est qu'une opinion particuliere, qu'il faudroit même encore examiner relativement au lieu où elle est placée, & aux circonstances que le Cardinal avoit en vûe. Louis XI. a peut-être plus fait que lui pour affermir la Monarchie, & cependant il ne se servoit presque que de ceux-là.

Notre Auteur est encore ici dans l'erreur, à mon avis. Toutes les fois que le Monarque aimera les gens de bien, on ne se contentera pas d'être bon citoyen, quoique ce

L. v. C. 6.

ſoit déja un grand acheminement à la vertu. On ſera, & l'on ſera profeſſion d'être homme de bien; peut-être, dirat-t-on, ce ſera par eſprit d'intérêt & pour plaire; Qu'importe pour la choſe publique? Et où, après tout, trouvera-t-on des hommes, en quelque conſtitution d'Etat que ce ſoit, qui ne partent un peu de ce mobile?

L. v. C. 7.   L'ambition n'eſt blâmable eſſentiellement que par ſon objet. Celle qu'on peut avoir dans les Républiques ſera bonne tant que ſon objet ne ſera pas deſtructif de l'égalité.

Elle ne peut preſque jamais l'être de l'inégalité dans l'Etat Monarchique, parce que tous les dégrés d'élevation ne feront jamais autre choſe que des ſujets; mais ſi l'on y veut des prééminences de rang, il faut les avoir méritées; & les peut-on mieux mériter que par cet amour de la patrie qui fait les vrais héros?

M. de Montefquieu fuit toujours
fa même hypothèfe pour ce qui
regarde les éducations. Il dit avec
raifon, qu'elles doivent fuivre le
principe général du gouvernement, parce que chaque famille
doit être gouvernée fur le plan de
la grande famille, qui les comprend
toutes.

Ce qu'il fuppofe qu'on infpire à
la jeuneffe dans l'Etat Monarchique, conviendra au moins autant
dans l'Etat Républicain. De la
franchife, dit-il, dans les mœurs,
de la politique dans les manieres :
or y a t-il de meilleurs moyens
pour plaire à la multitude ?

Les Loix fans doute, & la Religion, prefcrivent l'obéiffance aux
volontés du Prince, mais pourquoi
fera-ce moins elles, que ce prétendu honneur d'orgueil, qui nous por-
teront à nous refufer à des ordres
dont l'exécution bleffcroit les Loix

& la Religion ? La vertu feule pouvoit dicter cette réponfe illuftre du Vicomte Dorte, lors de la Saint Barthelemi, & je ne vois rien qui puiffe empêcher de la mettre fur le compte de la vertu, puifque l'ordre du Monarque répugnoit à la perfection des Loix divines & à la bonté des Loix humaines.

Au furplus, l'amour des hazards, la liberté de refufer ou d'accepter les emplois, le mépris de la vie, l'amour propre de paroître digne du rang que l'on occupe, font des vertus de tout pays, & compatibles à toute conftitution d'Etat.

L. v. C. Les Loix civiles particulieres
9. doivent être homogénes au principe du gouvernement ; ainfi les fubftitutions, les retraits lignagers, la faculté de faire des aînés, celle d'acquerir des richeffes perfonnelles par le commerce, toutes ces chofes,

chofes, qui feroient contraires aux
vûes & à l'intérêt de l'égalité dans
une République, ainfi que nous
l'avons dit précédemment, conviendront fort dans l'Etat Monarchique.

Notre Auteur a parfaitement L. v. C.
fenti l'avantage de la Monarchie [10.]
fur la République, pour la promptitude de l'exécution, mais on
ne conçoit pas pourquoi il réclame
les Loix comme un modérateur
néceffaire; à la bonne heure s'il
étoit queftion de réfolutions, qui
intéreffaffent la conftitution de l'E-
tat; mais quand il s'agit d'autres
réfolutions, comme de guerre ou
de paix, ce qui eft le cas où réfide
principalement cet avantage de la
promptitude dans l'exécution, le
Cardinal de Richelieu avoit fans
doute raifon de vouloir qu'on
évitât les épines des Compagnies.
Il n'y a rien là qui tienne du fyftê-

G

me du despotisme. Notre Auteur cite, avec raison, l'exemple du choix des récompenses le mieux méritées, parce que cela intéresse la Loi constitutive de l'Etat sur le Domaine. C'est un des cas où les corps publics doivent être le plus écoutés, lorsqu'ils diront qu'il est mille moyens de récompenser un sujet sans arracher les fleurons de la Couronne.

L. v. C. 11.   Un des grands avantages de l'Etat Monarchique, est que sous le Prince il y a plusieurs ordres qui tiennent nécessairement à la constitution de l'Etat. De là l'Etat plus fixe, la constitution plus inébranlable, la personne du Prince plus assûrée, aucun ordre de l'Etat entierement corrompu.

Si donc il arrive quelqu'ébranlement, tel qu'on en a vû par des guerres civiles, tout tend à rétablir l'ordre; il se trouve des gens fages, qui ont de l'autorité ; les Loix fondamentales qui font la fûreté de tous les ordres, & qui en maintiennent l'accord & l'harmonie, parlent & se font écouter ; on cherche des temperamens. L'Etat & le Monarque font bien éloignés réciproquement de vouloir se perdre, parce que la partie gouvernante & la partie gouvernée font nécessaires l'une à l'autre. On trouve enfin des moyens de conciliation ; &, pour me servir des termes d'un de nos plus grands Poëtes, *tout rentre dans l'ordre accoutumé.*

Si notre Auteur avoit embrassé toute l'étendue de son plan, il nous auroit dit sur les récompenses que l'Etat donne, que les Républiques ne peuvent pas récompenser par des distinctions destructives de l'égalité, & que dans la Monarchie il n'y en peut avoir aucune qui soit

L. v. C. 18.

d'espéce à approcher le sujet trop
près du Souverain. Rome accor-
doit des Statues sans inconvénient ; elles étoient aussi aisées à
déplacer. De nos jours une République d'Italie a été liberale de ce
genre de récompense. Les maximes Républicaines n'en peuvent
être blessées.

L. vi. C.   Le Monarque ne juge pas lui-
5,   même, ni n'opine pas dans les Jugemens des crimes : ce seroit rendre inutiles les pouvoirs intermédiaires dépendans, faire cesser les
formalités des Jugemens , rendre
terrible l'autorité qui doit toujours
être aimable, être en même temps
Juge & Partie , perdre le plus beau
& le plus précieux attribut de la
Souveraineté , qui est celui de
faire grace.

Rien n'a été plus sensément imaginé en France, pour assurer l'administration de la Justice sous des

formes compatibles avec cette dé-
licatesse, que la création d'Officiers qui, dans tous les Tribunaux,
requierent & poursuivent au nom
du Monarque la vendicte des Loix.
Il en assûre l'exécution sans com-
promettre la Majesté du Souverain, & la porte reste toujours ouverte à sa clémence : car enfin, si
les Loix sont & doivent être égales
pour tout le monde, il peut se
trouver des cas particuliers qui,
même sans mériter l'abolition du
crime, peuvent mériter la dispense
du supplice. Néron, dans le temps
qu'il étoit encore homme, desi-
roit de n'avoir jamais sû écrire,
quand on lui présenta un Jugement de mort à signer. L'administration Monarchique aura en ce
genre toute sa perfection, lorsque
le Législateur s'occupera plus à
inspirer des mœurs, qu'à infliger
des supplices.

G iij

L. VII,
C. 4.

Il eſt néceſſaire à la conſtitution Monarchique, il eſt même
preſque de ſon eſſence, qu'il y ait
un luxe progreſſif d'un état à un
autre. Si l'homme riche ne dépen-
ſoit pas, le pauvre ou l'ouvrier ne
pouvoient pas ſubſiſter ; ainſi les
Loix ſomptuaires y ſeroient dan-
gereuſes. La RépubliqueRomaine
s'étoit roidie, avec raiſon, contre
l'introduction du luxe. A meſure
qu'il s'y introduiſit, la République
approcha de ſa décadence. Auguſte
& Tibere ne réſiſterent à toutes
demandes qu'on leur fit de Loix
ſomptuaires, que parce que, voulant fonder ſolidement la Monarchie, ils ſentoient bien qu'elles ne
convenoient pas à leur projet,
puiſque ç'auroit été ſe raprocher
des mœurs de la République.

L. VII,
C. 5.

Cette maxime ne pourroit recevoir d'exception, que dans le cas
où le luxe ne pourroit être ſatisfait

que par une exportation considé-
rable d'argent en pays étranger, ce
qui seroit contraire à la balance du
commerce, dont nous aurons occasion de parler ailleurs.

Mais en procurant dans l'intérieur les moyens de satisfaire le
luxe, plus il sera grand, plus il
pourra devenir utile par la circulation de l'argent ; & cela se pourra L. vii,
faire sans nuire à la cultivation, en C. 6.
calculant les productions du sol
avec le nombre de ceux qui con-
somment, & en proportionnant la
main d'œuvre du luxe, avec ce
qu'il peut rester de gens inutiles à
la cultivation, & qu'il sera par conséquent utile d'employer ailleurs.
C'est ce qui fait, dit notre Auteur,
qu'à la Chine on a toujours mis des
bornes au luxe, parce qu'il falloit
pou voir à la subsistance des hommes, & qu'il n'y avoit jamais, dans
un pays aussi peuplé, trop de bras
pour la cultivation.   G iiij

L. VIII.
C. 6. Les Monarchies font par leur effence fi fortement conftituées, qu'il faudroit le concours de bien des chofes graves pour, en les ré-folvant, les convertir en Etat Ré-publicain ou Defpote, car ce font là les deux extrêmes.

L. VIII.
C. 7. Il faudroit une affectation qui n'eft pas préfumable à changer l'or-dre des chofes plutôt qu'à le fui-vre, à ôter aux uns les fonctions naturelles pour les donner arbitrai-rement aux autres ; à vouloir tout faire par foi-même, ce qui feroit impoffible, & par conféquent mal exécuté ; à donner au vice les dif-tinctions & les dignités ; à chan-ger la juftice en cruauté ; à atta-cher les idées d'honneur à la prof-titution aveugle à toutes volontés; mais où eft le Monarque qui vou-droit détruire fon propre eftre ?

L. VIII.
C. 17. 18. Il n'eft pas utile à la Monar-chie d'avoir une étendue immenfe.

On peut se rapeller les exemples
de Charlemagne , d'Alexandre,
d'Atilla, qui , de leur vivant, di-
viserent leur Empire, ou après la
mort desquels l'Empire fut divisé.
La multiplicité des corps publics
devient trop difficile à gouverner
& à soutenir dans un équilibre réciproque ; l'obéissance n'y peut
pas être aussi égale. A mesure que
ceux qui ont la puissance exécutrice s'éloignent du centre d'où
elle émane, ils se croient plus
indépendans. Et en effet, un Offi-
cier public à deux cens lieues de
la Capitale , administre différemment de ce qu'il fait à cinquante
lieues ; & cette réflexion doit influer sur le choix des sujets. Il suffit de lire le Code Espagnol * des
Loix des Indes, pour sentir combien les Monarques Espagnols ont
eu de peine à asseoir un genre de
légiflation & de police, qui fit

*Reco-
pilacion de
la Leyes de
Indias.*

que l'acquisition des Empires en
Amérique ne fut point destructive
de la constitution Monarchique
en Europe. Ce seroit par là seulement que pourroient s'excuser, s'il
étoit possible, les cruautés des
premiers Espagnols en Amérique.
Il en est resté une prodigieuse sévérité contre les infidélités en ce
pays - là, & une grande vigilance
pour les prévenir, sur-tout par le
partage de tous les différens genres
d'autorité.

L. ix. C.
5. 6. 7.

C'est d'après cela, dit très-bien
M. de Montesquieu, qu'à supposer que Louis XIV. eût eu le projet qu'on lui attribuoit de la Monarchie universelle, la Providence
a mieux servi lui & son Etat par
des défaites, qu'elle n'auroit fait
par des victoires. Il étoit plus puissant en restant le plus puissant de
tous, que s'il fût devenu seul
maître.

La sûreté de la Monarchie con-
fiste de préférence dans la difficulté qu'il y a à l'attaquer. Cette
difficulté n'est jamais plus grande
que quand les distances permet-
tent que les forces se joignent, &
concourent promptement.

Le Monarque doit donc avoir
de la prudence pour savoir borner
sa puissance. Rien ne m'a tant fra-
pé en ce genre que le régne de
Charlemagne. Sa présence étoit
nécessaire par tout ; & je le vois
passer sa vie à voyager, au moins
jusqu'à ce que sa vieillesse y eût
mis obstacle ; mais alors je le vois
moins obéi.

Une Monarchie conquerante   L. x. C.
hors ces proportions-là, court tou-   10.
jours de grands risques, sur-tout si
dans les pays conquis elle ne con-
serve pas les mêmes Tribunaux,
les mêmes Loix, les mêmes Coutumes & les mêmes Priviléges. Le

moindre inconvénient qui puisse
lui arriver, est que ses anciens Do-
maines en souffrent beaucoup, tandis que les nouveaux gémissent de
toutes les pertes qu'ils ont faites
dans leur constitution.

L. xii. C.
2:. & sui-
vans. Notre Auteur entre encore dans
plusieurs détails d'observations utiles à l'administration intérieure
Monarchique, sur quoi il faut partir d'une maxime certaine, c'est
que l'autorité ne doit jamais anéan-
tir la liberté politique du citoyen,
qui elle-même constitue la force de
la Monarchie.

Notre Auteur estime qu'une des
choses qui y est le plus contraire,
ce sont les nominations de Commissaires pour juger les particuliers. C'est une suite, à la vérité,
de ce qui a été dit précédemment
à l'occasion des Tribunaux intermédiaires ; mais il y a pourtant des
cas tellement liés à l'administra-

tion , & si étrangers à ce qu'on
peut appeller le corps de la législation, que la voye de nomination
de Commissaires est la seule possible.

Il y a une grande différence entre un espionage réglé qui ne res-
pecte aucun asyle , tel que Tibere
le faisoit en autorisant & en pro-
voquant des délations domestiques , & une inspection de vigilance, tendante à l'observation des
Loix, & à les faire respecter. C'est
ce respect qui fait la sûreté du Monarque , & qui opére la tranquillité générale par la tranquillité particuliere. Les inquiétudes , les
soupçons , les craintes ne doivent
jamais être le partage du Monarque; il a des prétentions plus sûres
& plus satisfaisantes à exercer sur
l'amour de son peuple ; & peut-il
jamais en douter, puisque même ,
si malheureusement il se trouve

quelque chofe de défectueux dans
fon gouvernement , on n'accufe
jamais fes intentions.

L'autorité n'a pas befoin d'agir
toujours, ni dans la même force, &
la même étendue : il faut que fes
mouvemens foient mefurés fur la
nature & la gravité des objets. Le
méchant fe familiariferoit trop
avec la crainte ; le bon citoyen
feroit fouvent affligé, & fon zéle
en feroit moins pur. Il faut, dit
très-fenfément notre Auteur, que
le Prince encourage , & que ce
foient les Loix qui menacent.

Rien ne tempére plus ce que
l'autorité peut avoir de terrible,
que la facilité d'approcher de la
perfonne qui en eft revêtue. On
n'y voit plus que ce qu'elle a d'au-
gufte & de majeftueux.

Le mérite, l'honneur & la vertu en doivent toujours approcher
avec confiance , parce qu'il ne

peut y avoir rien de plus aimable
à fes yeux, & que ce ne font point
des ames viles & baffes qui peuvent lui être agréables.

Le Prince a toujours l'accueil
affable ; il n'offenfe point fes fujets
par aucune raillerie indigne du caractére de la Majefté. Il eft le premier affligé des fautes que quelqu'un de fes fujets peut avoir faites ; il eft le premier à confoler
ceux qui n'ont point péché par l'intention. Que de motifs décififs
pour l'aimer, & pour regarder le
gouvernement Monarchique modéré, comme le plus propre à opérer le bonheur des hommes !

Lorfque M. de Montefquieu a
examiné en général les caractéres
& l'efprit des Loix de la conftitution Monarchique, il lui a certainement échapé de diftinguer la
Monarchie héréditaire à laquelle
convient tout ce qu'il a dit précé-

demment, d'avec celles qui font
électives, & dans lefquelles il auroit fenti des caractéres particuliers ; il auroit trouvé dans celles-
ci trois Loix fondamentales.

1°. Les qualités, foit de naiffance, ou autres, qui rendent les
fujets fufceptibles d'être élûs.

2°. La liberté entiere dans les
fuffrages pour l'élection.

3°. Les conditions aufquelles
le Souverain fe foumet.

De là il auroit établi des principes d'adminiftration ; la fidélité du
Prince à obferver les Loix de fon
élection ; une fermeté plus grande
pour contenir dans l'obéiffance
une Nobleffe qui peut ou croit
pouvoir prétendre à la reconnoif-
fance perfonnelle.

Une grande attention à ne fe
point laiffer entraîner à la néceffité, quand il n'y eft pas obligé de
rendre compte, parce que, quelque

que bon compte que l'on puiſſe rendre, ce ſeroit toujours matiere à troubles & diviſions.

Une grande vigilance pour ne laiſſer aucun corps public excéder les bornes de ſes attributions.

Une plus grande popularité ex- térieure.

La diſtribution des graces & des places aux gens les plus ſages, talens à part.

Une étude ſuivie & journaliere de l'état des grandes familles entre elles.

M. de Monteſquieu, plus pro- fond ſans doute que perſonne dans ſes réflexions, eût peut-être encore dévelopé d'autres maximes; mais il me paroît que celles que je viens d'établir auroient été les principa- les qu'il auroit crû pouvoir réſulter de la différence très-grande entre ces deux divers genres de Monar- chie.

H

PARAGRAPHE VI.

Du Despotisme.

L. III. C.
5. 8. 9. 10.
11.
  L. IV. C.
4.
  L. V. C.
13. 14. 15.
17. 19.
  L. VIII.
C. 10. 19.
20. 21.
  L. X. C.
16. 17.
  L. XII.
C. 29. 30.

AInsi que l'ivraye dans le bon grain, le Despotisme peut s'élever au centre de la Monarchie. C'est l'abus de la volonté & de l'autorité, comme nous l'avons déja dit.

S'il fait l'objet d'une constitution réelle d'Etat, il ne le faut chercher que dans ces Empires immenses dont l'Asie est composée, & qui seroient si difficiles à gouverner autrement que par la force & par la violence, pour ainsi dire, d'une autorité qui ne puisse être arrêtée, & dont les coups soient rapides autant que frapans.

Là l'obéissance ne peut être mieux assurée, que par la terreur.

aidée de quelques principes religieux, qui dans l'opinion de ces
Peuples aveugles, affimilent le
tyran à la Divinité; non que dans
ces genres de gouvernemens il n'y
ait aucunes Loix civiles ou politiques, mais elles n'y ont point de
défenfeurs autorifés qui puiffent
empêcher, qu'elles ne fléchiffent
fouvent fous l'autorité du Souverain.

Il faut s'y repréfenter un chef
fans aucun principe d'éducation;
connoiffant à peine quelques pratiques de culte religieux; inftruit
tout au plus en gros de l'étendue
des climats qu'il croit gouverner,
gouverné lui-même par la volupté
& les vils inftrumens de fes plaifirs; obligé de remettre toute fon
autorité à un feul homme, parce
que n'y ayant ni déliberation ni
confeil, elle n'eft pas fufceptible
de partage; toujours perfuadé, s'il

a un peu de bon sens, qu'il doit être trompé; livré sans cesse aux inquiétudes d'être renversé de des- sus un Thrône où souvent le hazard seul l'a placé, & dont il ne con- noît pas plus les écueils que les devoirs; toujours assiégé par les défiances contre ce qui l'environne & le touche de plus près; regar- dant comme une maxime d'État de se ménager des ressources con- tre les révolutions, & de s'assurer de la fidélité de ses sujets, en les dépouillant des richesses qu'il s'a- proprie, qu'il accumule, & dont il ne rend presque rien à ses Peu- ples; livré sans défense aux atta- ques secrettes de la délation & de la calomnie: y cédant nécessaire- ment pour changer fréquemment le dépositaire de son autorité. Tel est le Despote de M. de Montes- quieu.

Là les plus légeres fautes doi-

vent y paroître des crimes ; tout
y paroît offenfe perfonnelle contre
le Souverain : c'eft toujours fa caufe qu'il croit avoir à venger. Auffi
la clémence y eft-elle ignorée ; le
Monarque fait confifter Sa Majefté
à condamner & à faire punir,
quand lui-même ne fe réferve pas
l'horrible fatisfaction du fupplice.
Là toute ambition feroit un crime : tous talens doivent y être fuf-
pects. Ainfi il n'y a aucun intérêt,
il y auroit même du danger à en
acquerir. On n'y en doit point
avoir d'autre que celui de favoir
être l'efclave le plus proftitué qu'il
eft poffible. Le Monarque y juge
de la fidélité, par la promptitude à
exécuter fes ordres, fans les mo-
dérer, fans les examiner.

C'eft là, ou ce doit être là le
principe de l'éducation particuliere, où l'on ne doit rien apprendre qui faffe fortir de l'état d'ignorance.

Le luxe y doit être profcrit, il
ne feroit qu'indiquer au Prince
avide, la bourfe où il lui faudroit
fouiller de préférence.

Le citoyen, l'habitant fe doit
contenter de cultiver ce qu'il faut
de tetrein pour fa fubfiftance ; le
furplus doit refter dans les horreurs
de la ftérilité.

Le feul chemin de la fortune y
doit être de plaire au dépofitaire
unique de l'autorité ; fans aucun
rapport à celui à qui elle appartient, & qui, prefque toujours,
ignore l'ufage que l'on en fait.
Caché aux yeux de fes fujets, il
n'ouvre la porte ni aux plaintes ni
aux repréfentations, & fouvent il
n'eft averti du défordre, que par
l'éclat de la révolte qui le ren-
verfe.

Là, communément il n'y a aucune filiation de famille régnante.
Le Souverain facrifie ceux qu'il

juge à propos ; & , quand on lui
en laiffe le temps , il choifit fon
fucceffeur à fa fantaifie. Tels font
ces Defpotes plongés dans la mol-
leffe, qui n'oferoient même affembler des défenfeurs armés de l E-
tat, dans la crainte que ce ne fuffent autant d'oppreffeurs & d'ennemis de fa perfonne.

Cependant , en différens fiécles,
ces climats ont produit quelques
hommes de génie , & de grandes
ames, qui, incapables de s'enyvrer
d'une fauffe image de la grandeur ,
ont fû donner des principes à l'exercice de leur autorité, & connoître
le prix de faire des heureux. L Hiftoire nous a même confervé fous
leurs noms des traits de juftice &
de magnanimité; mais ils font ra-
res ces exemples, & quand il n'y a
plus eu de befoin d'être grand , la
volupté a repris fes droits, & les
héros ont difparu.

PARAGRAPHE VII.

Du rapport des Loix avec les climats.

SI nous avons crû, dans ce qui a fait la matiere des Paragraphes précédens, devoir quelquefois nous écarter de notre modéle, nous sommes obligés de convenir que M. de Montesquieu excelle ici par la sagacité avec laquelle, après avoir établi l'influence nécessaire des climats sur les mœurs, il dévelope dans l'examen de ce qu'il nomme l'esclavage civil, l'esclavage domestique, & l'esclavage politique, la raison de plusieurs Loix anciennes de police, & fait connoître quelles seroient celles, s'il y en avoit à faire, qui conviendroient mieux en chaque climat : aussi est-ce presque toujours

jours notre Auteur qui parlera dans ce que je vais dire dans ce Paragra-phe-ci.

La nature des climats ne peut varier; les effets phifiques en peu-vent être modérés & rectifiés juf-qu'à un certain point, en ce qu'ils peuvent avoir de vicieux ou de dé-fectueux : & ce doit être l'ouvra-ge des Loix de police, par lefquel-les les Légiflateurs ont propofé des peines ou des récompenfes; les premieres contre ce que les penchans naturels pouvoient avoir de contraire au bon ordre particu-lier ou général ; & les récompenfes pour prix de la réfiftance à ces mê-mes penchans. Ceux-là ont donc été les Légiflateurs fenfés, d'autant plus admirables quand ils ont eu des penchans violens à combattre. **L. xɪv. C. 1. ſ.**

La différence du dégré de cha-leur ou de froid dans les divers climats , en met néceffairément **L. xɪv. C. 2.**

I

une dans la circulation du ſang ;
& cette différence dans le mouvement & la rapidité de la circulation
du ſang, nous donne dans le Nord
des hommes forts, nerveux, courageux, parce qu'ils ſentent leur force méchanique;amis des exercices
violens, peu ſuſceptibles des paſ-
ſionsvives,partiſans de la boiſſon &
des liqueurs fortes,qui ne leur nui-
ſent point; au Midi moins de reſſort
dans les nerfs, moins de réſiſtance
contre ce qui peut les pincer ou
les irriter ; dès lors des paſſions
plus fréquentes, & s'uſant promptement, peu de force & d'action
dans l'eſprit par l'abatement, où la
chaleur met les corps, les inclina-
tions paſſives, l'amour purement
méchanique de la pareſſe & de ce
rien faire que les Italiens nom-
ment d'une façon ſi propre à faire
impreſſion , *il divino far' niente.*

C'eſt ici que les châtimens de-

vront être moins difficiles à soutenir, que l'action de l'ame, la
servitude moins insupportable que
la peine & le travail qui seroient
nécessaires pour l'éviter, ou s'y
soustraire; & c'est par là que l'on
peut concilier cette foiblesse du
Midi avec certaines pratiques,
qui semblent, au premier coup
d'œil, indiquer du courage & de
la force. Tel un Japonois qui se
déchiquette le corps, un Brame
ou Dervich qui se soumet à des
pénitences barbares, des femmes
qui se précipitent dans les flammes,
& se brûlent toutes vives.

Avec cette foiblesse dans les
organes, cette paresse de penser
& d'agir, la Religion, les Loix,
les mœurs, les manieres, les usa-
ges communs de la société, ne
doivent jamais varier en Orient,
au moins dans la partie qui en est
chaude; l'ame qui aura reçu cer-

l. xiv.
C. 3.

l. xiv.
C. 4

taines impreſſions, tant qu'elle continuera à être de la même trempe, les conſervera ſans changement. Si les habitans de ces climats voyoient notre inconſtance, ils en ſeroient bien étonnés.

L. xiv.
C. 6. 8. 9. La culture des terres étant un travail pénible, les mœurs des climats chauds ſeront oppoſées à la cultivation. Pour y remédier, il y faudra des Loix ſévéres contre la pareſſe, ou des récompenſes pour les cultivateurs. Ces récompenſes auroient même cet avantage, qu'elles flatteroient l'orgueil qui eſt inſeparable de la pareſſe; & ce ſeroit attaquer le mal dans ſon principe. C'eſt à quoi les Loix de la Chine ont ſagement pourvû.

L. xiv.
C. 7. Il n'eſt point étonnant, en partant des mêmes principes, que les climats chauds ayent été le berceau du Monachiſme. Dans une température d'air qui comporte

peu de travail, on s'est porté à donner des facilités pour la vie contemplative. A parler politiquement, les bons Législateurs, comme nous l'avons dit précédemment, auroient été ceux qui, pour combattre le vice du climat, auroient proscrit tous les moyens de vivre sans travail.

Dans ces mêmes pays-là, la sobriété n'est qu'un effet du climat. Comme on y dissipe moins, l'on a moins besoin de réparer, & l'apétit de manger est moins vif. Les jeûnes de l'Eglise Grecque, qui nous paroissent si longs, le sont peut-être moins, en rapport à ces climats-là, que les nôtres ne le font en rapport à la froidure de notre pays.

L. xiv. C. 10.

L'usage du vin & des liqueurs est mort dans les pays chauds, parce qu'il y augmenteroit la rarefaction du sang. La Loi de Ma-

I iij

homet n'étoit que la coutume d'A-
rabie, utile à appliquer dans tout
l'Orient où le Mahometisme s'est
établi. Il faut punir plus sévérement
l'yvrognerie où elle nuit davantage à la santé. Dans les autres
pays, il faut invoquer contr'elle
la décence personnelle qui peut se
trouver blessée.

L. xiv.
C. ii.
Il y a aussi des maladies de climat. Nous connoissons l'horreur
de la lépre, par la sévérité des Loix
des Juifs & des Lombards, qui
privoient les lépreux de tous les
effets civils.

Il en est une autre plus nouvellement connue par les communications avec l'Amérique. L'on auroit peut-être mieux servi l'humanité, en y attachant des peines &
du déshonneur, qu'en y cherchant
des remédes faciles. En prenant
le parti contraire, on n'a songé
qu'aux effets, au lieu d'attaquer le

principe ; c'eſt une mauvaiſe légiſlation que celle qui accrédite un
mal.

Le Suicide chez les Romains L. xiv.
étoit un acte de courage. Ils ne C. 12, 13.
ſavoient pas encore qu'il y en a
moins à ſe tuer, qu'à ſavoir ſup-
porter les revers de la fortune. Il
n'y fut jamais plus commun que
dans le temps des proſcriptions &
ſous les Empereurs.

Mais je ne puis pas convenir
avec notre Auteur , que dans les
pays où c'eſt une eſpéce de maladie
du ſang, on ne dût pas plus le punir
qu'on ne puniroit un accès de dé-
mence ; ſi un genre d'opprobre,
rejailliſſant même ſur les familles,
y étoit attaché , ceux qui ſenti-
roient les avant-coureurs de cette
maladie , ſauroient ou appren-
droient à y remédier. Pourquoi n'y
auroit-il pas à celle-là , comme à
tant d'autres, des remédes de pré-

I iiij

caution ? Il me semble que notre Auteur est ici en contradiction avec ses propres principes.

L. xiv.
C. 15. En général les Législateurs ont réglé, ou dû régler le nombre & la sévérité de leurs Loix sur la confiance plus ou moins grande, que pouvoit inspirer le caractére de chaque nation.

Chez les Japonois, peuple atroce, les Loix ne se sont fiées à eux pour rien. Elles inspirent toutes la terreur. Chez les Indiens, caractére tout opposé, peu de Loix pénales & peu de sévérité. Il seroit peut-être aussi dangereux de trop ordonner, que de n'ordonner pas assez. J'augure bien des mœurs d'un Peuple qui est bien régi par un petit nombre de Loix ; car chaque société est éclairée sur ses besoins, & la législation en suit nécessairement la proportion.

L. xv. On peut distinguer, pour en

chercher le rapport avec la nature du climat, trois genres d'efcla-vages; l'efclavage civil, l'efclava-ge domeſtique & l'efclavage po-litique.

Le premier eſt l'établiſſement d'un droit qui rend un homme tel-lement propre à un autre homme, que celui-ci eſt le maître abſolu de fa vie & de fes biens ; droit déteſ-table, en ce que l'efclave ne peut plus rien faire par vertu ; par là il eſt dégradé : & en ce que le maî-tre devient néceſſairement fier, prompt, dur, colere, voluptueux, cruel. Par là il fe corrompt. Le Chriſtianiſme ne pouvoit donc manquer d'abolir l'efclavage; mais s'il eſt compatible avec quelque conſtitution d'Etat, c'eſt avec l'E-tat Defpotique. Nous en parlerons plus au long.

Il eſt des exemples d'efclavages de choix, lorfqu'un homme trouve de l'utilité à se choisir un maître, & ce peut être la matiere d'une convention réciproque ; mais il n'est pas moins contre nature.

Dans les pays où les hommes sont incapables de tout travail pénible, l'esclavage choque moins la raison, parce qu'il ne peut y avoir de travailleurs, que par la crainte du châtiment. Le seul esclavage peut constituer cet état de crainte.

Dans nos climats, l'esclavage est inutile pour tout genre de travail, quelque pénible qu'il puisse être. Le travail des Mines, partage autrefois des Esclaves & des Criminels, est devenu une profession dans laquelle il y a des hommes heureux. L'art des machines inventées depuis quelques années, tendant encore à adoucir le poids du travail, y apelle plus aisément des hommes libres.

Mais de quelque nature qu'ait été l'efclavage, les Loix civiles ont dû fe propofer d'en ôter, d'un côté, les abus, & de l'autre les dangers.

L'abus de l'efclavage eft de rendre les hommes tellement maîtres, même de la vertu & de l'honneur des femmes, que les ferails puiffent être regardés comme des lieux de délices. L'objet de l'efclavage peut être l'utilité ; il ne doit jamais être la volupté. Or les droits de la pudicité font de droit naturel, & cet abus le bleffe directement. Les Romains eux-mêmes avoient été très-mal policés en ce genre. La Loi des Lombards fut plus décente. Mahomet qui a travaillé pour l'Orient, a été plus loin encore que les Romains.

Le danger de la multiplicité n'eft pas moins grand. Ce corps d'efclaves privés de tout attribut

de la fociété, a continuellement
devant les yeux une fociété heu-
reufe dont il ne fait point partie.
L'efclave fent que fon ame eft
contrainte de s'abaiffer fans ceffe.
Réduit à la condition des bêtes,
quand il confidere que feul il n'eft
pas libre, il faut néceffairement
qu'il foit ennemi de la fociété.
Leur nombre feroit donc dangereux, fur-tout s'ils étoient armés.
Rome éprouva les horreurs de la
guerre fervile, & fe vit enfuite
obligée de faire les Loix les plus
févéres, on pourroit même dire les
plus cruelles, pour affurer l'Etat
des maîtres qui vivoient continuellement au milieu d'ennemis, d'autant plus redoutables, qu'ils étoient
devenus les Miniftres des plaifirs
de leurs maîtres.

La condition des Efclaves doit
être fixée par des Loix d'humanité : elles ont lieu par rapport aux

Noirs que l'on transporte en Amérique, qu'on y regarde plutôt comme des Colons, que comme des Esclaves, qui, dès qu'ils sont achetés, appartiennent, pour ainsi dire, au sol qu'ils cultivent; auxquels on ne refuse pas l'instruction ni les moyens de travailler un peu pour se former un pecule particulier; sur lesquels enfin les maîtres ne peuvent exercer que les droits autorisés par la Loi du Prince.

La servitude domestique, c'est-à-dire, celle des femmes, a constamment, avec les pays chauds de l'Orient, des rapports qu'elle ne pourroit point avoir, & qui ne pourroient point exister avec nos climats; & c'est sans doute ce qui y a introduit la multiplicité des femmes.

Les filles, presque nubiles dès l'enfance, & avant l'âge de raison, sont vieilles de très-bonne heure;

L. xvj

enforte que la beauté & la raison
ne fe trouvant, pour ainfi dire, jamais chez elles à la fois, il eft néceffaire qu'elles foient toujours
dans un état de dépendance ; & il
eft tout fimple que les hommes
prennent d'autres femmes. Voilà
ce qui, dans ces pays-là, conftitue
l'inégalité entre les deux fexes.

Elle n'a point lieu dans nos climats, où la vieilleffe des hommes
marche, à peu près, de même pas
que celle des femmes, où elles
réuniffent à la fois ce qui peut les
faire eftimer & ce qui peut les faire
aimer ; où il eft fi naturel que
l'homme, ayant joui long-temps
des agrémens de la jeuneffe de fa
femme, lui en marque reconnoif-
fance par la continuation de fon
attachement. Ainfi la Loi qui ne
permet qu'une femme, très-con-
forme au phifique du climat Euro-
péen, trouveroit plus d'obftacle

dans le climat de l'Orient, auquel
eft parfaitement analogue la Loi
de Mahomet, ouvrage de l'homme, qui, par conféquent, ne pouvoit avoir que l'homme en vûe.

Mahomet trouvoit une autre facilité dans des pays où la fobriété
fubfiftoit fans le fecours des Loix,
où un homme vivoit prefque pour
rien, & pouvoit, à grand marché,
entretenir des femmes & des enfans. Je doute qu'à fuppofer la même facilité dans nos pays, où le
luxe s'eft introduit, & fort coû-
teufement, on profitât beaucoup
de la permiffion ; mais heureufement nous fommes régis par une
Loi de perfection & de pureté.

Cette même poligamie pouvoit
encore trouver de la faveur dans
un fait qui, fûrement, n'avoit point
échappé aux connoiffances & aux
lumieres de Mahomet ; c'eft que
l'Orient produit plus d'enfans fe-

melles que de mâles ; enforte que
fa Loi pouvoit être facilement
exécutée, & fembler affez raifon-
nable en ce point de vûe. Mahomet pouvoit donc fort bien n'a-
voir pas crû autorifer le libertinage;
& fes fauffes idées ont pû aller jufqu'à lui faire penfer que fa Loi ne
conduifoit point au mépris du fexe,
puifqu'en même temps qu'il permettoit quatre femmes, il exigeoit
que leur traitement fût, à tous
égards, parfaitement égal.

La multiplicité des femmes a dû
conduire naturellement à la
jaloufie, qui réellement, forme
un caractére général dans la plus
grande partie de l'Orient.

De cette jaloufie a dû fuivre la
néceffité de la clôture des femmes,
qui, dans ce cas là, non-feulement
n'a rien de ridicule, mais eft même
très-néceffaire au bon ordre public. Leurs intrigues dans l'intérieur

rieur de leurs clôtures, font une preuve de ce dont elles feroient capables dans un plus grand état de liberté ; les effets du climat trouveroient-ils une barriere fuffi-fante dans le fentiment de la pudeur, qui fait le partage & l'apanage du fexe ?

La clôture, par les contraires, eft inutile dans nos climats, où les mœurs font naturellement bonnes (ce qu'il ne faut pas confondre avec de bonnes mœurs) où les paffions font plus calmes, moins actives & moins rafinées, où l'amour a fur le cœur un empire plus réglé, où le fexe femble n'avoir pour objet que de parer la fociété, & où il le peut, fans manquer aux engagemens de fon devoir.

C'eft ce même changement fréquent de femmes en Orient, qui fait qu'elles ne peuvent être char-

K

gées des soins domestiques, qui font remis à des Eunuques, espéce permanente, que vraisemblablement, quelque mouvement de vengeance ou de colere a fait connoître, & qui y est devenue une partie nécessaire de la police domestique.

L. XVII. Il nous reste à parler de la servitude politique, suite des différentes nuances du courage, qui, lui-même, comme nous venons de le dire, peut être, en partie, un effet du climat.

Tous les Peuples du Nord, de la Chine & de la Corée, font plus courageux, & plus capables de grandes entreprises, que ceux du Midi. Il faut donc que ceux-ci finissent par être subjugués. La même différence se trouve entre les habitans du Nord ou du Midi de l'Amérique.

En Asie il n'y a point d'effet de climat, mitoyen; le climat froid

touche immédiatement au climat
chaud qui par conféquent eft toujours expofé aux grandes révolutions. L'un doit toujours être conquerant, l'autre toujours conquis,
fur-tout dans des pays vaftes, que
la nature n'a ni feparés ni défendus
par aucune barriere, & dans lefquels la prévoyance & la bonne
politique n'a rien fait pour y fuppléer.

De treize fois que l'Afie a été
fubjuguée, elle l'a été onze fois
par les Peuples du Nord.

A peine l'Hiftoire nous fournit,
en Europe, quatre époques pareilles; ce n'eft pas qu'elle n'ait auffi
fon Nord & fon Midi : mais entre
l'une & l'autre extrémité, il y a
une gradation fucceffive de température, qui, ne laiffant point fubfifter de différences immédiates
très-confidérables, n'a pas ouvert
le chemin à ces grandes révolu-

tions. La Puiffance agiffante a pû trouver toujours des obftacles & une réfiftance de courage , à peu près en proportion avec fon propre mouvement & fon dégré de force. La nature d'ailleurs , & l'art dans les endroits où elle ne fembloit pas y avoir fuffifamment pourvû , a mis de diftances en diftances en Europe , des moyens d'arrêter les conquerans , des rivieres difficiles à franchir ; des paffages de montagnes aifés à défendre & à fortifier, ont été ces moyens. Les deftructeurs ont fouvent été détruits eux-mêmes.

La différence pour les effets a été grande en Afie & en Europe ; Dans la premiere on a conquis pour faire des efclaves , en Europe pour faire des hommes libres. Les Gots , en conquerant l'Empire Romain , ont détruit un defpotifme univerfel , & fondé des

Monarchies avec la liberté ; l'on
peut dire que le Nord a été la fabrique des hommes vaillans , propres à brifer les fers du Midi , & à
montrer que les hommes , égaux
par la nature , ne peuvent & ne
doivent , par la raifon , devenir
dépendans que pour leur bonheur.

Comme il n'y a eu que de grandes Monarchies en Afie , le defpotifme & la fervitude y ont été
néceffaires. L'Europe , plus partagée , a pû connoître la liberté politique. Si elle l'a pû connoître ,
elle l'a fûrement connue , & c'eft
ce qui a rendu toutes fes parties
difficiles à fubjuguer & à fe fou-
mettre , autrement que par des
Loix & par les avantages du commerce.

Tels font les effets néceffaires
des différences de climat , qui ,
bien médités , peuvent répandre

de grandes lumieres , même fur les événemens à venir poffibles.

PARAGRAPHE VIII.

Du rapport des Loix avec la nature du terrein.

LEs Loix doivent encore être L. xviii. relatives à la nature du terrein ; ainſi, pour juger quelles elles doivent être, il eſt néceſſaire de connoître les effets civils & politiques de la fertilité ou de la ſterilité.

La bonté des terres d'un pays doit y établir l'eſprit de dépendance. Occupés de leurs affaires, les habitans doivent craindre, parce qu'ils ont à perdre, & mieux leur convient un gouvernement Monarchique, parce qu'il ſemble en général pouvoir opérer une plus grande ſureté.

Joignant cette réflexion avec

ce que l'on a dit précédemment
ſur les vaſtes plaines d'Aſie, il s'en-
ſuit que les pays fertiles doivent
être plus aiſés à ſubjuguer , &
qu'une fois ſubjugués , l'intérêt
particulier y doit nuire à l'eſprit
& au deſir de la liberté , parce
qu'alors il y a plus à gagner pour
eux à reſter tranquiles.

Il en eſt autrement des Monta-
gnards ; plus difficiles à aborder,
accoutumés à vivre de peu, parce
que la nature leur donne peu,
l'eſprit de liberté y doit être pré-
dominant : c'eſt preſque la ſeule
choſe qu'ils ayent à défendre ; ainſi
ils ont moins beſoin des Loix qui
conviennent à la ſûreté des pays
fertiles.

De là arrive ſouvent ce que
l'on a d'abord peine à concilier ;
c'eſt que les pays fertiles ne ſont
pas toujours les plus peuplés , à
cauſe des fréquentes dévaſtations,

tandis

tandis que l'affreux pays du Nord multiplie fans ceffe des habitans deftinés un jour à être des dévaf- teurs. Les tranfmigrations des grands & petits Tartares n'ont pas répeuplé les pays de la Perfe & de la Turquie qu'ils ont envahis, & ces mêmes tranfmigrations n'ont pas diminué la population de la Tartarie.

La ftérilité des terres rend les hommes laborieux, induftrieux & courageux ; la fertilité les rend pareffeux & mols, & leur infpire l'amour de la confervation, le plus grand ennemi du courage.

Communément auffi les Trou- pes levées dans un pays âpre & fterile, font plus guerrieres ; elles font plus aifées à contenter, & connoiffant moins de befoins que les autres, elles font capables de plus grandes fatigues & de plus grandes entreprifes. L'amour des

L

commodités eſt le plus grand ennemi du héroïſme.

. Le gouvernement modéré convient aux pays qui , rendus fertiles
par l'induſtrie de leurs habitans,
ont beſoin , pour ſe conſerver, de
la même induſtrie qui les a fertili-
ſés. C'eſt à ſoutenir cette induſtrie
que toutes les Loix doivent tendre. Telle vit-on autrefois l'Egypte , telle voit-on encore aujour-
d'hui la Hollande , à laquelle la
nature ne permet pas de s'abandonner à la nonchalance & au
caprice.

Les Peuples ont des moyens
différens de ſe procurer leur ſubſiſtance : cela a mis des différences
dans les Loix exiſtantes. Cela en
met dans les Loix poſſibles. Un
Peuple commerçant a beſoin de
plus de Loix qu'un Peuple ſim-
plement cultivateur; celui-ci, d'un
plus grand nombre que celui qui

vit de fes Troupeaux, & ce dernier-
ci encore de plus de Loix que le
Peuple qui ne vivra que de fa
chaffe. Et de ces diverfes façons
de fubfifter naîtront encore mille
rapports différens.

C'eft la raifon pour laquelle les
Sauvages d'Amérique ont peu de
Loix; ils vivent des fruits que la
nature leur donne prefque fans culture; 'leurs Animaux y paiffent &
y profperent; ajoutez-y un peu de
maïs, il ne leur refte plus rien à
defirer que leur liberté. Leur nombre tòtal n'eft pas confidérable, &
leurs parties fubdivifées doivent
être petites.

Les Peuples Sauvages différe-
ront des Peuples Barbares, en ce
que les premiers, ordinairement
Peuples chaffeurs, ne peuvent vivre enfemble faute de fubfiftance,
& que les autres, Pafteurs ordinairement, peuvent, avec leurs

Troupeaux , ſe raſſembler pendant quelque temps.

Si ces deux genres de Peuples n'ont pas beſoin dans leur intérieur de beaucoup de Loix civiles , ils doivent avoir grand beſoin des Loix du droit des gens. Dans des pays qui ne ſont ni circonſcripts ni limités, où , pour ainſi dire , rien n'eſt partagé de droit , les querelles doivent être fréquentes ; ainſi il leur faut entr'eux des principes du droit des gens , ſans quoi ils s'entredétruiroient bien-tôt.

Comme c'eſt le partage des terres qui groſſit le Code Civil , les Peuples qui ne cultivent pas auront plûtôt des mœurs que des Loix. Les biens n'y pouvant pas donner l'autorité , ce ſera l'âge, la main , le conſeil qui la devront donner. C'eſt auſſi ce qui forme les chefs des Cantons. L'homme qui aura le plus de chevelures autour de fa cabanne, fera le plus puiffant dans les rapports de l'opinion.

Là , le mariage fera plus mal affûré que parmi nous, où il eft fixé par la demeure, & où la femme tient à une maifon.

Leurs droits devront y avoir pour objet principal le partage du butin & la punition du vol, dont l'impunité feroit deftructive de la communauté des biens ; car là il peut y avoir un vol d'ufufruit, fort facile & fort dangereux, comme ailleurs il y a un vol de propriété, mais beaucoup plus difficile.

L'état politique de ces Peuples-là, eft un fi grand amour de la liberté, que la crainte de la perdre les porte à fe difperfer, plûtôt que de fubir le joug. Les Mexiquains ne connoiffoient pas cet efprit de liberté, quand les Efpagnols leur porterent des fers. Ils étoient riches & cultivateurs ; auffi ce ne furent pas ceux-là que les Espagnols appellerent *Indios bra-vos.*

Où il y a culture des terres, on connoît indubitablement l'usage de la monnoye ; la culture suppose beaucoup d'art & de connoissan-ces : l'un & l'autre inseparables des besoins, conduit à l'établissement d'un signe des valeurs.

Il faut plus de Loix civiles dans les pays où la monnoye est connue, parce que la ruse & l'injustice y sont plus communes que dans les pays où n'y ayant point de signes de valeur qui se ressemblent tous, on ne vole pas aisément des choses faciles à reconnoître. Mon cha-peau ne ressemble point aux autres, & l'écu que j'ai dans ma bourse est parfaitement ressemblant à tous ceux qui sont dans le Royaume.

Où la monnoye est inconnue, la liberté civile & politique est plus

affûrée qu'ailleurs, parce qu'on n'y
peut pas aisément préparer & raf-
fembler les moyens de corruption.
Chez ces peuples-là, chacun a peu
de befoins, & les fatisfait aifément
& également.

Les Peuples Sauvages & Barbares font fort fufceptibles de fuperftition ; & par conféquent, leurs
Prêtres doivent y avoir beaucoup
de pouvoir, & en abufer aifément,
s'ils le veulent, dans l'exercice de
l'autorité qu'ils tiennent de la Religion. C'eft ainfi que Tacite nous
les repréfente, accrédités chez les
anciens Germains, & c'eft la raifon
de leur crédit & de la part qu'ils
avoient aux affaires publiques,
lorfque les Francs vinrent s'établir
dans les Gaules. Il y a à la fin de
ce Livre de notre Auteur, plufieurs obfervations curieufes tirées
des mêmes principes, fur d'anciennes coutumes de la Monarchie

Françoiſe, qui n'ont paru bizarres ou difficiles à expliquer, que faute d'avoir remonté juſques-là, mais dans le détail deſquelles, nous nous diſpenſerons d'entrer, parce qu'elles ne ſont pas liées néceſſairement avec le corps du ſyſtême de M. de Monteſquieu, & qu'elles ne forment, pour ainſi dire, ici qu'un objet de curioſité.

PARAGRAPHE IX.

*Du rapport des Loix à l'esprit géné-
ral, aux mœurs & aux manieres
d'une Nation.*

L Es meilleures Loix échoue-
ront nécessairement où les
esprits ne seront pas préparés à les
recevoir. Et cet empire est si fort,
que même les préjugés de nations
doivent être ménagés, & que quiconque les heurteroit de front,
ne parviendroit même pas à faire
triompher la raison. Les Partes ne
purent jamais s'accommoder d'un
Prince, que les Romains leur ren-
voyerent , affable & accessible ,
comme il avoit appris à Rome à
l'être. Quel est le Législateur sensé
qui oseroit proposer un gouvernement populaire à ces Peuples

L. xix;

Orientaux, chez lefquels c'eſt un principe, de méprifer toute nation qui n'a pas un Roi?

L'efprit général d'une nation fe forme, ou eſt un compofé de l'af-femblage & du concours de plu-fieurs chofes qui gouvernent les hommes. Tels le climat, la Reli-gion, les Loix, les maximes de gouvernement, les exemples des chofes paſſées, les mœurs ancien-nes, les manieres.

Les unes & les autres n'agiſſent pas avec la même force en chaque nation. Notre Auteur obferve, avec grande raifon, que la nature & le climat dominent prefque feuls fur les Sauvages ; que les Loix tirannifent le Japon ; que les ma-nieres gouvernent les Chinois ; qu'autrefois les mœurs donnoient le ton à Lacédemone, & les ma-ximes du gouvernement avec les mœurs anciennes, à Rome.

Lorsqu'en général le caractére
est bon, peu importent quelques
défauts qui peuvent s'y mêler,
& qu'il ne faut même pas entreprendre de corriger ; on courre-
roit risque, en génant les manieres, de gêner aussi les vertus, &
peut-être même de les éteindre;
& comme il est moralement impossible que l'esprit d'une nation ne
soit pas d'accord avec les principes de son gouvernement, c'est
pour le Législateur une double
raison de respecter cet esprit.
Qu'auroient produit à Athènes des
Loix destructives de la gayeté &
de la saillie Attique, ou chez les
Lacédemoniens, Peuple grave,
sec, sérieux, taciturne, des Loix
de divertissement & d'amusement ?

Dans les Etats despotiques, les
mœurs & les manieres tenant,
pour ainsi dire, lieu des Loix, on
ne pourroit pas entreprendre de

les changer fans s'expofer au hazard d'une révolution ; comme on
y eft accoutumé à un pouvoir arbitraire relatif , on s'y communique moins, les mœurs & les manieres y peuvent par conféquent
moins changer. Le Prince ou le
Légiflateur les doit donc refpec-
ter de préférence.

Dans les pays où la liberté publique & particuliere régne , on fe
communique davantage. A portée
d'emprunter des autres, dont on
emprunte même, fans s'en appercevoir, les mœurs & les manieres
y font plus muables , & fouvent il
ne faut ni effort ni légiflation pour
cela , c'eft l'effet de la communication réciproque.

En général, ce n'eft point par
les Loix qu'on peut bien changer
les mœurs & les manieres d'une
nation. Le Czar Pierre Premier ou-
bliant que les peines ne font faites

que pour les crimes, & que ce
font les exemples qui changent
les manieres, commença par employer des moyens violents. Il
changea enfuite de route, il y inté-
reffa les femmes, & s'en trouva
bien. Les Peuples, en général, font
accoûtumés à des pratiques qu'ils
affectionnent, & qui leur femblent
même très-raifonnables, fans que
fouvent ils en puiffent donner une
bonne raifon. Les leur ôter vio-
lemment, c'eft les rendre malheureux. Il ne faut donc pas les
changer, mais engager lès Peuples
à les changer : d'ailleurs, toute
peine qui ne dérive pas de la néceffité, eft tirannique.

Quelques Légiflateurs cependant, ont confondu les principes
qui gouvernent les hommes ; &
fouvent ils ont bien fait. Ainfi fit
Licurgue, ainfi ont fait les Légiflateurs de la Chine, parce que là,

les mœurs répréfentoient les Loix, & qu'en même temps les manieres étoient les mœurs. Les Légiflateurs Chinois ayant eu pour objet la tranquillité & la douceur de la fociété, firent de la civilité extérieure une Loi, & cette civilité devint le caractére de leurs mœurs. Une pratique auftere & dure des vertus, avoit, à Lacédemone, tenu lieu de civilité; & par deux voyes différentes, on étoit parvenu au même objet. Solon, au contraire, interrogé fi les Loix qu'il avoit données aux Athéniens étoient les meilleures, répondit *que c'étoient les meilleures de celles qu'ils pouvoient souffrir.* Réponfe précieufe, qui renferme pour tout Légiflateur une infinité de préceptes.

Quand un Peuple a de bonnes mœurs, les Loix deviennent fimples. Radamante qui, au rapport

de Plutarque, gouvernoit un Peuple extrémement Religieux, ex-
pédioit tous les procès avec une
extrême célérité.

Il faut conclure de là que les
Loix doivent fuivre les mœurs.
Dans le beau temps de la pureté
des mœurs Romaines, il n'y avoit
aucune Loi contre le peculat,
parce qu'il étoit ignoré. On fut
enfuite obligé d'en faire.

Les précautions que les derniers Romains établirent par leurs
Loix fur les difpofitions populaires, étoient inconnues au temps
de la Loi des douze Tables; c'eft
que les mœurs n'étoient pas les
mêmes.

Mais il eft conftant auffi que les
Loix peuvent contribuer à former
les mœurs, les manieres & le caractére d'une nation; & c'eft par là
que notre Auteur termine ce Livre,
qui fournit pour la légiflation po-

litique, une ample récolte d'instruction.

* L'An-
gleterre. Quoique ce dernier Chapitre
ne regarde qu'une nation * dont il
avoit parlé au Chapitre VI. du
Livre II. on en peut pourtant faire
plusieurs grandes applications aux
pays purement Monarchiques,
dont c'est un des principes que la
liberté civile & politique n'y soit
pas éteinte ; malheur réservé aux
seuls Etats despotiques.

On suppose ici les Loix une
fois établies, & l'on avance, avec
raison , que les coutumes d'un
Peuple esclave, font une partie de
son esclavage , & que celles d'un
Peuple libre font une partie de sa
liberté.

Y ayant deux puissances rési-
dentes en différentes mains, la législative & l'exécutrice , chaque
citoyen ayant en même temps sa
volonté propre, chacun affection-
neroit

neroit à son gré l'une ou l'autre.

La puissance exécutrice dispo-
sant des graces, seroit affectionnée
par ceux qui ont des esperances,
& pourroit être inquiétée par ceux
qui n'espereroient rien.

Les passions y étant libres, il
s'y formeroit aisément des partis,
dont la haine seroit durable, parce
que la liberté venant au secours de
l'opprimé, cette haine seroit toujours impuissante. Par la même
raison, on changeroit souvent de
parti.

Si les disputes étoient formées
à l'occasion de la violation des
Loix fondamentales, & que quelque Puissance étrangere s'en mêlât,
il en pourroit arriver une révolution, mais sans changement dans
la forme essentielle & dans la constitution du gouvernement, parce
qu'une nation libre ne peut s'accommoder que d'un liberateur, &

M

jamais d'un oppresseur. L'yvresse qui plaça Cromwel sur le Thrône, finit avec lui, & la révolution de 1688. a été permanente.

Chaque citoyen diroit & écriroit tout ce que les Loix ne lui auroient pas formellement défendu de dire ou d'écrire.

Une pareille nation pouvant être plus facilement conduite par les passions que par la raison, pourroit être aisément portée à des entreprises contraires à ses véritables intérêts ; & l'opinion de sa liberté lui feroit supporter les impôts les plus durs.

Son crédit seroit sûr, parce qu'elle emprunteroit & se payeroit à elle-même, & ayant des richesses immenses de fiction, elle iroit sans répugnance jusqu'à entreprendre au-dessus de ses forces réelles.

Renfermée dans une Isle, cette constitution ne seroit point conquerante, parce que les conquêtes l'affoibliroient, moins encore si son sol étoit fertile, parce qu'elle n'auroit pas besoin de la guerre pour s'enrichir. Les gens de guerre n'y seroient regardés que comme gens d'un métier souvent plus dangereux qu'utile.

Ses Loix & sa liberté la porteroient à être commerçante, & à faire usage, par des établissemens intérieurs, des matieres premieres que la nature lui auroit données.

Située dans le Nord, elle s'enrichiroit par l'échange de ses denrées superflues, contre ce qui manqueroit à sa subsistance.

Avec de l'opulence d'un côté, & de l'autre des impôts excessifs, elle auroit recours à l'industrie.

Comme commerçante, elle seroit susceptible de jalousie, & s'affligeroit de la prosperité des autres.

Si elle envoyoit des colonies

au loin, ce ſeroit plus pour étendre ſon commerce, que ſa domination.

Elle donneroit aux Peuples de ſes Colonies la forme de ſon gouvernement propre.

Elle trouveroit de grandes facilités pour avoir des forces de mer conſidérables. L'empire de la mer lui donneroit néceſſairement de la fierté.

Elle pourroit avoir une influence d'autant plus grande dans les affaires de ſes voiſins, qu'elle ne chercheroit pas à conquerir; elle en ſeroit plus reſpectée au dehors, malgré l'inconſtance de ſon gouvernement, & malgré ſes agitations intérieures, ſur l'effet deſquelles il ſeroit aiſé de ſe méprendre.

Chaque citoyen ſe faiſant un objet de liberté d'avoir ſa volonté propre, ſes lumieres ou ſes fantaiſies, ſe porteroit à embraſſer la Re-

ligion dominante , ou formeroit
des Sectes particulieres.

Il se trouveroit des citoyens qui,
n'ayant pas de Religion, ne voudroient cependant pas souffrir
qu'on les obligeât à changer celle
qu'ils imagineroient qu'ils prendroient s'ils en vouloient prendre
une.

Il pourroit arriver que le Clergé
auroit peu de crédit , & que cependant , plûtôt que de paroître faire
un corps isolé qui ne participeroit
pas à tous les avantages de la constitution , il aimeroit mieux supporter toutes les mêmes charges
que les Laïcs.

Sûrement il se distingueroit par
les mœurs & l'érudition, pour se
faire respecter par les autres citoyens.

Les dignités faisant partie de la
constitution fondamentale , seroient plus fixes qu'ailleurs ; mais

les grands qui les poſſederoient ſeroient plus populaires ; enſorte que
les rangs ſeroient plus diſtinᶜts , &
les perſonnes plus confondues.

Ceux qui gouvernent auroient
plus beſoin de gens utiles que de
gens propres à l'amuſement ; dès
lors moins de flatteurs & de com-
plaiſans.

On demanderoit moins de talens frivoles , & plus de qualités
réelles.

Il y auroit un luxe ſolide , fondé
ſur les beſoins réels.

Toujours occupé de ſes intérêts,
on n'auroit point ce genre de politeſſe qui n'eſt fondé que ſur l'oiſiveté ; on n'y connoîtroit que la
politeſſe des mœurs , qui naît du
beſoin d'avoir des ménagemens les
uns pour les autres.

Les hommes , dans cette nation,
ſeroient plûtôt des confédérés,que
des citoyens.

On y devroit avoir le goût & la
liberté de parler politique, & de
raisonner sur les événemens, & il
seroit affez indifférent que l'on y
raisonnât bien ou mal.

Cette nation seroit fiere, parce
que les nations libres sont, non
pas vaines, mais superbes.

Le caractére de la nation se dé-
clareroit dans les ouvrages d'esprit,
dans lesquels on reconnoîtroit des
gens recueillis, accoutumés à penser tous seuls, & à avoir un sentiment à eux.

Il me semble que toutes ces espéces de corollaires portent un caractére d'évidence & de vérité, &
qu'un Légiflateur y trouveroit de
grandes lumieres & de grandes
reffources, soit pour imaginer des
Loix qui s'accorderoient avec les
mœurs, ou pour juger quelles
mœurs pourroient être produites
par les Loix.

Toute cette fin du Livre XIX.
m'a paru profondément pensée,
& je ne me suis occupé qu'à en
adoucir la méthaphisique, pour en
mettre les maximes à la portée de
tout lecteur.

PARAGRAPHE

PARAGRAPHE X.

Des rapports que les Tributs & les Revenus publics ont avec la liberté.

NOus allons maintenant entrer dans une portion de détails , plus immédiatement liés avec le bonheur des Peuples & du Citoyen. Nous entendrons ici par le mot de liberté, cet état de tranquilité, de fécurité, & de fatisfaction perfonnelles à chacun , qui fait qu'il n'y a aucun Citoyen, qui voulût une autre patrie, ou un autre Gouvernement. Etat poffible en toute autre forme de conftitution, que la defpotique, dont l'effence eft qu'il ne fubfifte aucun genre de liberté.

Rien n'intéreffe plus cette partie, que la maniere dont s'admi-

N

niſtrent les Revenus publics, par la levée des Impôts.

L. XIII. C. 1.

Les revenus de l'Etat ne font autre choſe, que la portion que chaque Citoyen donne de ſon bien, pour jouir ſûrement & agréablement de l'autre.

L'on ne peut établir un juſte équilibre dans cette levée, qu'en combinant équitablement les néceſſités de l'Etat avec celles du Citoyen, & en ſe décidant, non pas par ce que le Citoyen peut donner actuellement, mais par ce qu'il peut donner toujours.

L. XIII. C. 2.

Ce ſeroit donc une fauſſe maxime que de dire, que la grandeur des Tributs ou des Impoſitions eſt un bien en ſoi, en ce qu'elle force à l'induſtrie. La nature eſt juſte avec les hommes; elle les rend laborieux, parce qu'à de plus grands travaux, elle attache de plus grandes récompenſes; cet avan-

tage eſt perdu, ſi un pòuvoir arbitraire enleve ces récompenſes
pour ſe les approprier. Le déſeſ-
poir ſera la ſuite de la pauvreté, &
la pauvreté ſe conſole par la pareſſe.

Dans un Etat où chacun poſſé-   L. xIII.
de par ſon Domaine, ce que le C. 7.
Prince poſſéde par ſon Empire, il
y a trois genres d'Impôts poſſibles
à aſſeoir, ſur les perſonnes, ſur les
biens & ſur les marchandiſes.
J'y ajouterai les denrées parce que
cette partie peut encore donner
lieu à des obſervations particulieres.

Dans le premier, on ne doit
point conſulter la proportion dans
les biens, mais la proportion des
beſoins. Le néceſſaire phyſique à
toujours été exempt d'être taxé;
l'utile & encore plus le ſupperflu
doivent l'être. C'eſt ſans doute le
plan que l'on doit avoir en ce qui

regarde la Capitation, & ce qui a fait penser qu'elle devoit être réglée dans les Campagnes sur le taux de la Taille, prenant apparemment ce taux pour une indication de l'aisance plus ou moins grande de celui qui la paye ; cela suppose donc qu'elle est bien assise & point excessive, sans quoi le calcul deviendroit faux.

Pour ce qui regarde la taxe sur les biens, il peut aisément se trouver des erreurs dans la confection des Rolles, de sorte que l'un paye trop, & l'autre pas assez ; mais ce ne seroit un grand mal, que dans le cas ou l'on ne laisseroit au Peuple que ce qu'il lui faudroit, à la rigueur, pour vivre ; lorsqu'on lui laissera un nécessaire abondant, ces injustices particulieres & inévitables seront peu sensibles.

Les droits sur les Marchandises sont ceux de tous que le Peuple fent le moins, parce qu'on ne les demande à perfonne formelle-ment, & qu'on peut par la façon de les faire payer, laiffer ignoret fi c'eft le vendeur ou l'acheteur qui les payent ; nous parlerons ailleurs des proportions, qu'il y faut obferver vis-à-vis de l'Induftrie & du Commerce.

Ces droits devront être plus modérés fur les Denrées que fur aucune autre partie, parce que cela intéreffe la fubfiftance néceffaire du Peuple, qui fe trouveroit porter deux charges au lieu d'une.

En général, les charges fur les confommations, quand elles font difproportionnées avec la chofe, comme en certains pays il y en a d'exhorbitantes, font un grand mal. Premierement, rien ne fauve l'apparence du poids, ce qui eft pourtant une des grandes induf-tries, qu'il faudroit fçavoir employer; secondement, cet excès invite à la fraude ou à la contre-bande; celle-ci conduit à la né-cessité des peines & des châti-mens, tels qu'on les infligeroit pour des crimes, & alors tout est renversé dans le véritable esprit des Loix.

L. XIII. C. 11.   L'Asie ne connoît point les peines fiscales, telles que les con-fiscations, trop communes mal-heureusement en Europe. Tels la Turquie, la Chine, le Mogol, les Tartares; & si au Japon la fraude est un crime capital, ce n'est qu'une Loi de police pour dégouter l'Etranger de toute com-munication.

L. XIII. C. 10. 12.   La grandeur des Tributs dé-pend beaucoup de la nature du Gouvernement, & elle a un rap-port immédiat avec la liberté. Dans les Etats despotiques, il faut qu'ils soient modiques, parce que

le Gouvernement ne supplée par
rien à ce que le Peuple donne; où
il n'y a point de circulation, il faut
nécessairement, que la premiere
mise soit très-petite. Il faut encore
qu'ils soient établis clairement,
& qu'ils soient faciles à percevoir
sans équivoque. La partie seroit
trop inégale dans les discussions
avec les Officiers du Despote.

A mesure qu'on s'approche des
pays de liberté, on voit les Tributs augmenter. La liberté dédommage de la force des Tributs,
comme dans les autres la modi-
cité des Tributs dédommage de
la servitude. En effet, dans les
Républiques, le Citoyen croit se
payer à lui-même, & faire lui-
même l'emploi de son argent.
Dans la Monarchie la bonté du
Gouvernement peut procurer des
richesses, & faire des faveurs, qui
dédommagent de l'augmentation
des Tributs.   N iiij

L. XIII.
C. 15. 16.

Il ne faut cependant pas abuſer de la liberté qui comporte des Tributs plus forts. L'effet de leur excès ſeroit de produire la ſervitude, qui reconduiroit elle-même néceſſairement à la diminution des Tributs. Ce fut cet excès, dans l'Empire Grec, qui ouvrit la porte aux Mahométans, ſous qui l'on ſe crut plus heureux, parce qu'on paya peu de choſe, & qu'on ne paya plus arbitrairement.

Les Monarques en Aſie demandent rarement; leurs beſoins ne varient preſque jamais; leurs dépenſes ſont toujours à peu près égales; & ſouvent leurs Edits ſont pour faire des remiſes au Peuple. Cette non-chalance, & cette inaction des pays chauds devient en cette partie, un bien pour les Sujets. Là, pour être un grand Miniſtre de Finance, il ne faut qu'être un ſage diſpenſateur des deniers Publics.

On n'y a point encore connu L. xiii.
C. 17.
cette maladie de l'entretien de
Troupes formidables en temps de
paix, qui s'eſt, depuis quelques
années, répandue en Europe, &
qui conduiroit un jour à la néceſſité de forcer toute proportion
dans les Tributs ſur des pays auxquels en même-temps on enleve
un nombre prodigieux de Cultiva-
vateurs. Cette réflexion de notre
Auteur eſt ſage ſans doute, mais
il pouvoit l'étendre davantage,
& la rendre par ce moyen, plus
utile.

S'il en avoit recherché le principe, il l'auroit trouvé dans les
grandes confédérations de pluſieurs contre un ſeul, & dans les
efforts extraordinaires qu'a exigé
la néceſſité de proportionner la
défenſive à l'offenſive. Il a fallu
prendre en temps de paix des précautions contre les événemens

imprévûs de guerre. Où ſeroit le reméde ? Dans la cerditude phyſique d'une très-longue paix ; mais eſt-elle poſſible à acquérir cette certitude ? Je le voudrois pour le bonheur des Européens en général ; ſauf à examiner s'il n'en réſulteroit pas des inconvéniens particuliers pour certains pays, où une Nobleſſe nombreuſe n'a gueres d'autre reſſource pour ſubſiſter, que les emplois Militaires.

L. XIII. C. 19. 20. Notre Auteur diſcute ici les avantages de la Régie ſur la ferme des Tributs, & les inconvéniens d'avoir ce qu'il appelle des Traitans. Il trouve des avantages conſidérables à la Régie. Il fait voir, qu'elle a eu lieu dans preſque toutes les Républiques, & que l'Orient ſuit la même méthode. Il peut y en avoir en effet, mais eſt-elle ſans inconvénient ? On a cru y en voir; & ceux qui ont penfé ainfi ont eftimé en même-temps, que l'affermage pouvoit fe faire fans ouvrir la porte aux fortunes immenfes dont notre Auteur fe plaint, comme affligeantes pour les Peuples, & comme deftructives de tout bon principe de Gouvernement, lorfque la profeffion des Traitans devenant une profeffion honorée met le dégoût dans tous les autres Etats, fait perdre toute confidération à l'honneur, & fait regarder comme un malheur les moyens lents & naturels de fe diftinguer.

Il eft des conftitutions d'Etats & de Gouvernemens, dans lefquels il faut des gens riches, & en état de faire des avances au Prince. Il y a à tout cela des proportions. Rien n'empêche qu'un Gouvernement fage ne refufe ces mauvaifes Loix, que, felon notre

Auteur, pourroit exiger l'avarice importune des Fermiers qui montrent un avantage préfent dans des Réglemens funeftes pour l'avenir ; & jufqu'à ce qu'il foit démontré, que cela ne feroit pas poffible, je crois qu'il faut héfiter de profcrire entierement la méthode de l'affermage des revenus de l'Etat.

Il eft vrai fans doute, que chaque profeffion peut, & devroit avoir fon lot de récompenfe, tellement diftinct qu'il ne pût pas fe confondre avec un autre, ni, pour ainfi dire, devenir l'autre. La gloire eft à la Nobleffe, qui facrifie fon fang à la gloire ou à la défenfe de l'Etat. Le refpect & la confidération au Magiftrat, qui dès fa jeuneffe facrifie fes amufemens, & confacre enfuite fes veilles à l'adminiftration de la Juftice. La richeffe n'auroit que

la richeffe pour récompenfe. Dès-
lors les rangs, ne feroient point
confondus. L'efprit d'aucune profeffion ne s'altereroit ; & ceux qui
fçauroient n'aimer les richeffes
que pour elles-mêmes, feroient au
moins une efpéce de bien, en faifant vivre par leurs dépenfes une
infinité de Sujets de l'Etat, auxquels l'induftrie deviendroit utile
par ce moyen.

PARAGRAPHE XI.

Du rapport des Loix avec le Commerce, considéré dans sa nature.

L. x x.
C, 1.
TOUTE Nation, qui sans se communiquer, restera renfermée en elle même, conservera tous ses préjugés ; elle conservera sa férocité; si c'est son caractere ; ainsi étoient les Moscovites, il n'y a pas encore un siécle. Le commerce, ou si l'on veut, la communication guérit les préjugés. Par tout où il est, les mœurs sont plus douces. Le commerce les rend plus sociables. C'est encore aujourd'hui un problême non décidé, de sçavoir si le commerce ne les corrompt pas.

Les vertus des premiers Romains étoient féroces ; ils prirent,

du commerce avec les Afiatiques,
la corruption des mœurs, & jamais
le génie Romain ne fut plus policé
qu'alors. Céfar prétendoit que le
voifinage, & le commerce de Mar-
feille avóient gâté les Gaulois.

L'effet du commerce eft de L. x x;
porter à la paix, car deux Nations, C. 2.
qui commercent enfemble, contractent une dépendance réciproque, l'une comme vendeur, l'autre comme acheteur. Il fuffit de
connoître fes befoins, pour fe lier
avec ceux qui y peuvent fuppléer.

L'efprit de commerce produit
dans les hommes un fentiment de
juftice exacte, & de rigueur qui,
en même-temps qu'il les éloigne
de tout moyen violent d'acquérir
qu'Ariftote nommoit brigandage,
les porte à ne faire grace fur rien,
de ce qui peut avoir rapport à leurs
intérêts. Car à l'égard des vertus
morales, les Peuples les plus bri-

gands les ont connues ; telle celle
de l'hospitalité, qui au rapport de
Tacite, étoit en vénération chez
les anciens Germains.

L. x x.   Selon les différentes constitu-
C. 4.   tions des Gouvernemens, le commerce a des objets & des effets différens. Dans l'Etat Monarchique
où nous avons vû que le luxe doit
exister, l'objet du commerce sera
de satisfaire les délices de la Nation. Dans les Etats Populaires,
le commerce doit toujours être
un commerce d'œconomie. Ici
l'on ne se propose que de gagner
peu, mais de gagner souvent. C'est
ce qui est impossible & incompatible avec le goût du luxe, qui
porte toûjours à trop dépenser, &
qui ne se propose que de grands
objets, les seuls qui puissent être
en proportion avec lui. Il faut
opter d'après ce que disoit Cicéron : *un même Peuple ne peut pas être*

à

à la fois le dominateur & le facteur de l'Univers.

Ce n'eſt pourtant pas une régle abſolue, que le commerce d'œconomie ſoit incompatible avec les grandes entrepriſes de commerce. Le petit mene au médiocre, le médiocre au grand. La grande envie de gagner peu, conduit naturellement à l'envie de gagner beaucoup, quand il ne s'y trouve point de haſards à courir, contraires à l'eſprit d'œconomie.

D'ailleurs dans les Républiques, les grandes entrepriſes de commerce ſont néceſſairement plus liées avec les affaires publiques. On y attache un dégré de confiance qui ne peut avoir lieu dans les Monarchies. Dans l'Etat Républiquain, on ſe croit plus aſſûré de ſa propriété, & on l'expoſe plus volontiers, pour acquérir d'avantage; l'eſpérance du ſuccès inſ-

O

pire à tous les hommes de la confiance dans les commencemens.

L. x x.
C. 5.
Le commerce de Marſeille, fut
toujours un commerce d'œconomie. La ſtérilité de ſon territoire
obligeoit ſes habitans à être laborieux pour ſuppléer à la nature,
à être juſtes pour attirer les Nations par la confiance, à avoir des
mœurs frugales pour que les reſ-
ſources du commerce leur fuſſent
ſuffiſantes. Ce que la ſituation fit
là, la violence & la contrainte
l'ont fait ailleurs. Veniſe & la
Hollande furent réduites à tirer
leur ſubſiſtance de tout l'Univers.
Mêmes beſoins, & par conſéquent
mêmes vertus.

L. x x.
C. 6. 13.
L'Angleterre ne commença pas
auſſi précairement. Elle ſe fit des
Loix dont elle rendit les autres
dépendans, mais n'a-t-elle pas
forcé tous les principes, quand en
1740. elle a défendu, ſous peine

de mort, la communication de toutes marchandises entre elle & l'Espagne. Une simple violation de police ne doit pas être assimilée à un crime d'Etat. L'on est accoutumé à voir l'Angleterre soumettre tous intérêts politiques aux intérêts de commerce. Tel fut le syflême du régne de la Reine Elisabeth, sa politique eut toujours le commerce pour objet.

Le commerce d'œconomie, L. x x. trouve quelquefois des obflacles C. 7. dans les autres Nations, par exemple, dans celles où l'on ne peut apporter que des marchandifes de fon cru, & dans des navires de la fabrique des pays d'où elles viennent. Il faut que l'Etat qui prononce de pareilles Loix foit bien à portée de faire lui-même le commerce, & que même la nature de fes produits foit affez

O ij

abondante, pour qu'il ait l'avantage & le bénéfice de l'exportation. En général, le Gouvernement ne peut être trop attentif à
conserver à sa nation le bénéfice
du fret, c'est un moyen d'y former des Matelots & des Gens de
Mer.

L. x x.
C. 8.
Il est bien peu d'Etats auxquels
il puisse convenir d'exclure du
commerce aucune nation. Les
Japonois, par des raisons de politique totalement étrangeres au
commerce, n'en font qu'avec les
Chinois & les Hollandois, & ceux-
ci font des gains considérables.
Ils gagneroient moins si le concours étoit libre & ouvert ; & les
Japonois y gagneroient beaucoup,
parce qu'il est de principe, en matiere de commerce, que c'est la
demande de la marchandise qui
en fait la valeur estimative.

L. x x.
C. 9.
C'est avec le commerce d'œco-

nomie, & dans les pays auxquels
il convient, que s'accorde fort
bien l'établissement des banques
nationales, qui multiplient les signes des valeurs, & par conséquent le crédit public. Il est difficile d'avoir cette ressource dans
les pays gouvernés par un seul,
parce que, là, il n'y a que le Prince
qui puisse avoir un trésor. Dans
ceux-ci, il est plus sûr que le commerce de banque soit en plusieurs
mains, les rapports particuliers seront plus assûrés, & cela est à peu
près égal dans le rapport total avec
l'Etat. Les Compagnies de commerce ne conviendront en aucun
climat, à moins que leurs fonds,
& par conséquent leurs entreprises ne soient de telle nature qu'elles excédent les forces & la portée des particuliers. C'est la seule
considération qui puisse justifier
les priviléges exclusifs de com-

merce qui ont en eux-mêmes tant
d'inconvéniens dont nous parlerons ailleurs. Il y a des objets de
commerce , tels que les choses
de subsistance & d'approvisionne-
ment , pour lesquelles les Compagnies ne peuvent convenir. Elles
conviennent dans un commerce
de luxe & pour les pays où les
chargemens se préparent de longue main & en plusieurs endroits.
On ne peut pas rester dépendant
du hasard des envois , que les particuliers peuvent faire ou ne pas
faire.

L. xx.
C. 10.   Les établissemens de Ports-
francs peuvent convenir aux
pays, dont la pauvreté & la di-
sette ouvrent un commerce d'œ-
conomie, parce que ce que l'on
perd du côté des tributs se trouve
compensé par les richesses affluen-
tes , mais ils ne conviendront jamais à une nation que son abon-

dance pourra mettre en état de faire un commerce actif, excepté cependant lorfque ce commerce actif occafionne en retour l'apport de marchandifes, que le pays ne peut pas confommer, & qu'il eft néceffaire qui foient fans frais en dépôt, jufqu'à ce qu'on puiffe les faire paffer à l'étranger.

La liberté eft, dit-on, avec rai- fon, l'ame du commerce, mais on fe méprend quelquefois fur le mode de cette liberté. Car ce qui gêne le Commerçant ne gêne pas pour cela néceffairement le commerce. Il faut toujours diftinguer l'intérêt particulier d'avec l'inté- rêt général; ainfi il eft quelque- fois utile d'impofer des Loix au commerçant, qui, malgré fes plain- tes, ne doit pas réuffir à perfuader que ce foit un mal pour le com- merce général; tous les jours on entend retentir ces plaintes parti-

L. xx; C. II.

culieres, mais l'Etat doit rarement raisonner comme l'individu
particulier; & mieux vaut, par
exemple, pour la chose publique,
que quatre individus ne gagnent
chacun que quatre pour cent, que
si un seul en gagnoit seize.

L. xx.
C. 12.

    Il n'y a donc, qui détruise la
liberté du commerce que les charges qui portent directement sur le
commerce, tels les droits de
douanne, qui ne peuvent être
établis avec trop de discernement
& d'intelligence. C'est un droit
sur l'exportation & l'importation,
à l'occasion duquel il faut que
l'Etat soit une partie neutre, entre sa douanne & son commerce,
& qu'il veille à ce que ces deux
objets ne se croisent ni ne s'em-
barrassent. Alors la liberté du
commerce est dans toute sa vi-
gueur; j'ajouterai que c'est un bien
pour cette même liberté, lorsque
les

les droits d'exportation font médiocres fur les denrées dont on a
une abondance fuperflue, ainfi que
fur l'importation des chofes dont
on a befoin ou manquement ; cet
ufage établit la liberté réciproque
entre toutes les nations, parce
qu'il n'y en a pour ainfi dire pas
deux, qui ayent une égale abondance des mêmes chofes, & pas
une dont le fuperflu ne puiffe com-
penfer le befoin de l'autre.

Il y a, entre le commerce & la
finance, une liaifon malheureufe-
ment funefte fouvent au commerce, parce qu'il y a entre l'un &
l'autre cette différence, que la
profperité du commerce eft un
appui pour la finance, & que la
profperité apparente de la finance
eft fouvent deftructive du commerce, & par là, à la longue, deftructive d'elle-même.

La finance a des rigueurs de

P.

forme & des multiplications d'objets capables de détruire le commerce, qu'il faut qui perisse, s'il est souvent obligé de luter contre l'avidité ou le pouvoir, souvent trop arbitraire, du Fermier. C'est une suite de ce que nous avons observé au Paragraphe sur l'imposition des Tributs. Malheureusement l'intérêt du Fermier est toujours plus direct & plus sensible pour le Prince, que l'intérêt du commerce; & c'est ce qui fait que rarement le commerce a raison vis-à-vis la finance.

Le plus grand bien que l'on puisse faire au commerce, est de simplifier les droits, & de les réduire à un seul sur une même marchandise. Les affaires du commerce ne peuvent être en effet assujetties à trop peu de formalités, parce que ce sont des actions de chaque jour, que d'autres de même eſpéce doivent ſuivre chaque jour.

Il y a en quelques pays des portions de commerce qui ſe font par
le Prince & pour ſon compte. C'eſt
une très-mauvaiſe méthode, qui ne
tend qu'à établir un monopole.
Perſonne n'y pouvant prendre confiance, cette partie de commerce
ne ſe peut faire avec ſuccès. Il eſt
à parier que ſi le commerce que les
Czars de Moſcovie ſe font reſervé
étoit libre, il ſeroit bien plus conſiderable.

L. x›.
C. 17.

Il s'eſt trouvé en Eſpagne quelques occaſions particulieres où l'on
a éprouvé le même inconvénient ;
d'ailleurs, c'eſt une eſpéce de vol
fait au Peuple. Notre Auteur ra-
porte à cette occaſion l'exemple
de Theophile, qui fit brûler un
Vaiſſeau où étoient des marchandiſes pour le compte de Theodora
ſa femme, *ne convenant pas*, diſoit-
il, *qu'il fiſt le métier de Patron de*

Galeres, & qu'il ôtât ou diminuât la
subsistance des pauvres gens.

L. xx.
C. 18.
Ce fut une des choses qui con-
tribua le plus à ruiner les premiers
établissemens des Portugais & des
Castillans dans les Indes Orientales. Le Vice-Roy de Goa trouvoit
son compte à accorder à des Particuliers des priviléges exclusifs, qui
sont presque toujours la ruine du
commerce. Ceux qui ont ces sortes de priviléges ne les ont sollici-
tés que pour en abuser à la lésion
du public. Ils ne servent gueres
qu'à faire plus sûrement la fortune
d'un Particulier, par des bénéfices
qui, sans cela, se répandroient sur
la généralité, & par conséquent,
plus utilement pour la chose publique. C'est un abus dont, en
quelques pays, on n'est pas encore
assez revenu.

L. xx.
C. 19. 20.
Il est contre l'esprit du com-
merce que la Noblesse le fasse dans

les Etats Monarchiques. Les Empereurs Honorius & Theodofe difoient, avec raifon, dans le Code de leurs Loix fur le commerce, que cela feroit pernicieux aux Villes, & que ce feroit ôter entre les Marchands & les Plébeïens la facilité de vendre & d'acheter.

Il y a à la Nobleffe un genre d'éducation qui ne conduit point à l'efprit du commerce ; efprit tout particulier qu'il faut avoir pris, pour ainfi dire, dès l'enfance, & qui demande un apprentiffage fuivi. Il eft vrai que l'ufage a permis le commerce à la Nobleffe en Angleterre : malgré cela, on trouveroit peut-être, par le détail, que ce ne font point les Nobles qui deviennent communément les plus gros Négocians.

Quelques gens ont penfé qu'il faudroit introduire le même ufage en France, en quoi ils fe font

trompés, & n'ont pas affez réfléchi
fur ce qui peut convenir à une Monarchie, qui n'a dû fes progrès &
fa grandeur qu'à cet efprit de défin-
térefsement & de gloire d'un corps
de Noblefse, qui fe confole de tout,
même de la pauvreté, pourvû
qu'elle acquiere de l'honneur, &
qui cefseroit de fe fixer à ce feul
efprit, fi elle contractoit celui du
commerce.

Notre Auteur ajoute que le
Commerçant ayant l'efperance de
devenir Noble, c'eft un attrait
d'émulation pour qu'il véuille faire
bien le commerce; mais il va plus
loin, & en cela il me paroît
aller trop loin, c'eft *que les Loix
qui ordonneroient que chacun reftât
dans fa profeffion, & la fîft pafser à
fes enfans, ne pourroient convenir qu'à
un Etat defpotique.* On ne pourroit
lui allouer cette propofition, que
s'il étoit vrai, qu'il fût impoffible

d'attribuer à chaque profession des distinctions & des objets d'émulation.

Le sous-Lieutenant compte dans ses esperances tous les dégrés superieurs à celui par lequel il commence.

Le jeune homme qui entre dans la Magistrature, voit devant lui une route ouverte & toute tracée dans laquelle il se propose de marcher.

Le Commerçant vit dans la perspective des richesses. Ce peut n'être pas assez en France pour le fixer lui & sa famille. A la bonne heure ; mais que l'on y joigne des distinctions qui soient propres & particulieres au commerce , que ces distinctions soient proportionnées & graduelles, selon le nombre de générations qui seront restées attachées au commerce ; alors il y aura de quoi flatter l'amour propre & la vanité, & rien ne fera plus, deftructif de la liberté.

D'ailleurs, convenons que communément, ou plutôt, felon les régles de la vraifemblance , les meilleurs éleves doivent être ceux que les peres font dans leur même profeffion. Leur exemple, leur experience, leurs talens deviennent, pour ainfi dire , le patrimoine des enfans qui reftent dans le même état. Dans le commerce en particulier, rien n'eft plus utile au commerce même , que l'ancienneté d'un nom qui y eft connu. Il femble que ce foit un titre & un germe de cette confiance publique qui eft réellement l'ame du commerce.

Qu'on faffe des Loix , ou que l'on provoque des mœurs dont l'effet foit que la Nobleffe , que l'homme de robe ne méprife plus le commerce, & l'on aura fait tout ce qui eft à faire effentiellement

pour la profperité du commerce ,
& pour qu'on ne rougiffe pas de
le faire long-temps.

Cette digreffion m'a paru néceffaire , fur-tout dans ma patrie,
où l'on craint peut-être, avec raifon, de multiplier trop le nombre
des priviléges & des exemptions,
& où il eft en même temps vrai
de dire que l'on n'a pas toujours
affez honoré le commerce , & que
c'eft la feule chofe qui ait manqué
à fa profperité ; mais nous l'avons
déja dit , rien de plus dangereux
que de confondre les états , & d'al-
terer , par le mélange, l'efprit qui
doit régir chacun.

Il ne fera pas vrai de dire que le
commerce extérieur foit avantageux à toutes les nations, & cela
deviendra évident en examinant
avec notre Auteur quelles font
les richeffes de tout Etat.

Elles.confiftent.en fonds de terre,

L. xx.
C. 21.

& en effets mobiliers. Les fonds
font poffedés par les habitans du
pays, & les meilleures Loix font
peut-être celles qui en éloignent
les étrangers : ainfi, ce genre de
richeffe appartient à chaque Etat
en particulier, & n'exifte, pour
ainfi dire, point pour les autres.

Les effets mobiliers, comme
l'argent, les billets, les lettres de
change, les actions fur les Compagnies, les Vaiffeaux marchands,
toutes marchandifes font d'une
nature toute différente, elles appartiennent au monde entier, qui,
en ce point, ne compofe qu'un
feul état. Le Peuple qui poffede
le plus de ces effets, eft le plus
riche. Il les a acquis du produit
de fes denrées, de fes manufactu-
res, & en général de fon induftrie.
Il peut fe trouver un Etat qui n'ait
prefqu'aucun de ces effets mobiliers, qui n'ait point de marchan-

difes, ou de denrées à envoyer,
ou qui en envoye beaucoup moins
qu'il n'en reçoit. Il eſt conſtant
que cet Etat ſera pauvre, & que
la balance du commerce ſera totalement à ſon défavantage.

Dans les pays de commerce,
l'argent qui en eſt ſorti y revient
néceſſairement, parce que les autres Etats le doivent, au lieu qu'on
ne doit jamais rien au pays pauvre.

Notre Auteur cite, avec raiſon,
l'exemple de la Pologne, qui, ſi
l'on en excepte les bleds, n'a preſque point de ces effets mobiliers
dont on vient de parler, & il la
met en oppoſition avec le Japon.
Les Seigneurs Polonois ne trouvent de moyen de ſatisfaire leur
luxe que par le débit de leurs bleds,
& le Payſan reſte miſerable. Le
Japon eſt dans l'eſpéce oppoſée,
il envoye immenſement au dehors,
& par conſéquent, il reçoit im-

menſement des effets mobiliers.

Ce ne ſont donc point les nations qui n'ont beſoin de rien, qui
peuvent perdre à faire le commerce, ce ſont celles qui ont beſoin
de tout. Peut-être cette combi-
naiſon n'a-t-elle pas été aſſez bien
calculée par quelques Peuples qui
ont eſſayé des entrepriſes de commerce exterieur, dont l'effet pourra bien être d'enrichir quelque in-
téreſſé conſiderable, ſans que le
Peuple y gagne rien, ou que fort
peu de choſe. Le moindre échec
y eſt à craindre, ſur-tout juſqu'à
ce que quelque bénéfice ait pû
compenſer les frais & la miſe.

PARAGRAPHE XII.

Du Commerce , consideré dans ses différentes révolutions connues.

SI ce Livre contient beaucoup de choses historiques, cet'his-torique , tel qu'il est traité ici , ne doit point être regardé comme étranger aux Loix du Commerce , sur lesquelles, au contraire, il peut donner de grandes lumieres à tout lecteur réfléchissant. Les vérités d'un siécle sont toujours, & né-cessairement , celles d'un autre. L'on y en apprendra une , entre autres , bien importante ; c'est que si certaines causes phisiques , telles que la qualité du terrein , la nature du climat , semblent suffisans pour fixer solidement le Commerce , il est pourtant , malgré cela , sujet à

L. xxij
C. 1. 5.

de grandes révolutions, & souvent
la victime d'une politique hazar-
deufe & mal entendue.

Il ne faut, pour s'en convain-
cre, que porter fes regards fur des
pays qui, après avoir été autrefois
le fiége du commerce le plus flo-
riffant, ne préfentent aujourd'hui
que l'image de la mifere , & les
horreurs des déferts.

Le commerce détruit par les
Conquerans, gêné par les Monarques, parcourt la terre ; il fuit des
lieux où il eft opprimé, & fe repofe
où on le laiffe refpirer. Jamais, au
rapport des Auteurs les plus dignes
de foi, contrée ne le fut plus que
la Colchide, peuplée de Villes où
le commerce appelloit toutes les
nations du monde. Ce n'eft aujour-
d'hui qu'une vafte forêt prefque
inhabitée , dont les habitans ne
connoiffent plus d'autre commerce que celui de fe vendre eux-mê-

mes en détail aux Turcs & aux
Perfans.

Il eſt pourtant un feul commerce qui n'a jamais varié, que nous
faiſons, & que les Romains faifoient, quoique dans uſe moindre
étendue, c'eſt celui de l'Inde.
Ses habitans, ſes mœurs, ſes intérêts de commerce, font encore
aujourd'hui, & feront toujours tels
que nous les ont dépeints Strabon
& Pline; & cette fingularité mérite bien que nous nous y arrêtions
avec notre Auteur, avant que de
nous livrer à tous les détails particuliers de ce Livre.

Par la nature de la conſtitution
de ces Peuples, & en partant des
principes précédemment établis,
leurs mœurs n'ont pas dû être fujettes à changement, leurs befoins,
leurs arts, leur genre de vivre font
ſi différens des nôtres, que leur
climat ne leur demande ni ne leur

permet prefque rien de ce qui
pourroit leur être fourni par nous.
Ils ont en même temps beaucoup
de chofes fuperflues & furabon-
dantes à leur ufage & à leur con-
fommation. Ils n'ont donc befoin
& ne peuvent s'accommoder de
rien de notre part, que des fignes
des valeurs réelles, c'eft-à-dire, de
l'argent. Auffi Pline nous apprend,
il que chaque année les Romains
y portoient environ cinquante mil-
lions de fefterces. Tous les Peuples qui y ont négocié y ont porté
des métaux, nous faifons la même
chofe, & la même chofe fe fera
toujours.

De là, & à partir des principes
précédens, je vois naître plufieurs
queftions & plufieurs problêmes.

Premierement, n'eft-il pas vrai
que tous ceux qui font le commerce des Indes, font un commerce
de luxe, & non un commerce d'œ-
conomie ?   Secon-

Secondement, ne font-ils pas en ce point dans le cas du commerce, qui épuife le mobilier, de l'efpéce dont nous avons parlé au Chapitre précédent, & qui, par conféquent, doit être défavantageux?

Le plan de cet écrit ne permet pas, comme celui de l'ouvrage n'a pas permis à notre Auteur de traiter cette matiere pour & contre, comme elle en eft fufceptible, étant conftamment vrai que ce commerce eft en quelques points conforme, & en d'autres contraire aux vrais principes qu'il a établis ; mais il faut s'en tenir à cette maxime précieufe qui ne lui a pas échapé ; c'eft qu'il feroit fouvent dangereux de vouloir tout corriger.

J'ajoûterai une feule réflexion qui en pourra faire naître beaucoup d'autres; c'eft qu'il faut, pour fournir d'aliment à ce commerce, que les richeffes que l'Europe tire de l'Amérique foient immenfes, & que depuis la découverte de ce pays, la balance du commerce a dû augmenter prodigieufement en faveur des Peuples de l'Inde.

L. xxi.
C. 2.
Le commerce d'Affrique, au contraire, doit être fait avec beaucoup d'avantage pour les Européens. Il y a en ce pays-là peu d'induftrie, peu d'arts ; il a reçû de la nature beaucoup de matériaux précieux. J'ajoûterai que les dents d'Elephant, par exemple, comme matiere premiere, & l'achat des Négres, ne font point onéreux à la balance du mobilier dans le commerce, parce que, par l'ufage que l'on fait de l'un, ou que l'on tire de l'autre, c'eft de l'argent placé à un gros intérêt.

L. xxi.
C. 3. 4.
Il y a aujourd'hui en Europe un balancement entre les nations du

Midi & celles du Nord, fondé fur
ce que les befoins des unes & des
autres font totalement différens.

Les premieres ont beaucoup de
commodités pour la vie, & peu de
befoins ; les autres beaucoup de
befoins & peu de commodités.
L'équilibre fe maintient par la pa-
reffe que la nature a donnée aux
nations du Midi, & par l'induftrie & l'activité qu'elle a données
aux peuples du Nord. Cette efpéce
de balance n'étoit pas connue dans
le commerce ancien, dont nous
avons connoiffance, qui fe faifoit
par la Méditerannée, prefque toujours dans le Midi ; & comme c'é-
toit entre Peuples dont les befoins
étoient à peu près les mêmes, &
à qui la nature avoit donné prefque
les mêmes chofes, ce commerce
devoit être peu étendu & peu confiderable.

Notre Auteur prétend, que c'eft

le commerce moderne des boiſ-
ſons portées du Midi au Nord,
qui a donné lieu au changement
de nom du jaugeage des vaiſſeaux,
qui ſe définiſſoit autrefois par muid
de bled, & qui ſe définit aujour-
d'hui par tonneau de liqueurs.

L. xxi. C'eſt ici que notre Auteur nous
C. 6. 7. donne une idée fort nette du commerce des anciens Peuples de
l'Aſie. C'eſt lui ſeul qui parle dans
ces deux Chapitres.

Les richeſſes & l'état des arts
au temps de Semiramis, lui pa-
roiſſent une preuve que les Aſſi-
riens avoient établi un très-grand
commerce, & qu'ils avoient pillé
des nations très-riches, comme ils
furent piliés à leur tour. Il réclame
en faveur de ce ſentiment le luxe
des Perſes & des Médes, célébré
par tant d'Auteurs.

Toute la partie Nord-Eſt de la
Perſe étoit remplie de Villes flo-

riffantes qui n'exiftent plus ; il en
étoit de même du Nord de cet Empire, c'eft-à-dire, de l'Ifthme qui
fepare la mer Cafpienne du Pont
Euxin.

Ces marchandifes paffoient par
l'Oxus dans la mer du Pont. Du
temps de la guerre de Pompée
contre Mithridate, on alloit en
fept jours de l'Inde dans le pays
des Bactriens, & au Fleuve Ica-
rus qui fe jette dans l'Oxus. Les
marchandifes traverfoient la mer
Cafpienne, & venoient à l'embouchure du Cirus. De là, par un
trajet de cinq jours par terre, on
arrivoit au Phafe, qui conduifoit
au Pont Euxin.

Toutes ces communications ne
fubfiftent plus ; les Tartares ont
eu leurs raifons pour les détruire.
Ils n'avoient pas befoin de commerce, ainfi ils n'avoient nulle
raifon de conferver ce qui pouvoit

y être favorable ; c'étoit uniquement un Peuple deſtruĉteur ; ils
ſuivirent le même ſyſtême en dé-
tournant le Jaxarte.

Seleucus Nicator forma le projet de joindre le Pont Euxin à la
mer Caſpienne. Si le Nord de
celle-ci avoit été découvert dans
ces temps-là , on pourroit croire
qu'il auroit eu le même projet ,
exécuté depuis & de nos jours par
Pierre Premier.

Pendant que dans les Empires
de l'Aſie on faiſoit un commerce
de luxe, les Tiriens en faiſoient
un d'œconomie. Ils établirent des
Colonies qui , peut-être , & ſelon
les apparences , reſſembloient à
nos Comptoirs d'aujourd'hui. Ils
paſſerent les Colonnes d'Hercule ,
& firent des établiſſemens ſur les
Côtes de l'Océan.

Au défaut de bouſſole, les Na-
vigateurs ſuivoient les Côtes ; ainſi

les voyages étoient incertains, &
néceflairement très-longs.

L'Egipte , éloignée de toute
communication avec les étrangers , faifoit peu ou point de commerce au dehors. Ses habitans en
étoient fi peu jaloux, qu'ils aban-
donnerent celui de la mer Rouge
à toutes les nations ; tels les Idu-
méens, les Juifs , les Siriens. Ce
furent ces derniers dont Salomon
fe fervit ; mais le Peuple Juif ne fut
pas long-temps navigateur, l'agriculture l'occupoit de préférence.

Les Phéniciens devinrent les
Facteurs des autres nations.

Avant Alexandre , les nations
voifines de la mer Rouge ne connoiffoient que cette mer & la côte
Orientale d'Affrique. Ce fut ce
conquerant qui , par la conquête
des terres, parvint à la découverte
de la mer des Indes.

Les trois années que les Flottes

de Salomon & de Josaphat employoient à leur navigation, ne font pas une preuve qu'elles allassent plus loin que les côtes d'Affrique, puisque les Navires de Jonc mettoient vingt jours à faire le chemin qu'un Vaisseau Grec ou Romain faisoit en sept jours, ce qui raproche tous les points de calcul.

Notre Auteur appuye son raisonnement sur une vérité géométrique ; c'est que deux Navires d'une vitesse inégale, ne font pas leur voyage dans un temps proportionné à leur vîtesse, parce que les désavantages qui résultent de la construction, multiplient à l'infini les retards de la navigation. La côte qui vient du Cap à la mer Rouge, étant plus faine que celle qui vient du Cap au Détroit, on suivoit toujours cette route jusqu'à ce que la boussole mît en état de

se

se hazarder dans le grand Océan ; & voilà pourquoi cette derniere côte a été, jusqu'à ce temps-là, presque entierement inconnue.

Après la conquête d'Alexandre, le commerce des Grecs & celui de l'Egypte changerent de direction & de face.

Les premiers Grecs n'étoient que des pirates. Quand ils devinrent un Peuple, les Athéniens ayant donné la Loi au Roi de Perse, obtinrent véritablement l'empire de la mer sur les ruines des forces maritimes de la Siriè, de l'Isle de Chipre & de la Phénicie ; mais négligeant une partie de leurs avantages, ils se bornerent presque au commerce de la Gréce & du Pont Euxin.

Corinthe, de son côté, favorisée par sa situation à l'Isthme, ayant un Port pour recevoir les marchandises d'Asie, & un autre pour rece-

R

voir celles de l'Italie, devint extrémement considerable par le
commerce qui, bien-tôt avec elle,
se perdit par la prostitution & la
corruption de ses mœurs.

Tout changea par les quatre
grands événemens principaux du
régne d'Alexandre : La prise de
Tyr, la conquête de l'Asie, celle
de l'Egypte, & la découverte de
la mer des Indes au Midi.

En effet, Alexandre entra par
le Nord, & invité par la beauté
du pays, il se porta au Midi, établit une Flotte sur l'Hydaspe, entra dans l'Indus, & descendit jusqu'à son embouchure. De là il se
rendit en droiture par terre à Suze,
où sa Flotte, après avoir côtoyé
la côte de Caramanie & de la Perse,
le rejoignit après une navigation
de sept mois.

Successivement on connut les
vents alisés, on abregea le trajet

de la mer Rouge à la mer des Indes; & comme on ne fe fit plus une
régle, ainfi que les Grecs & les
Romains, de revenir dans la même année, on pouffa les découvertes,& l'on alla, en beaucoup moins
de temps,beaucoup plus avant que
n'avoit été Alexandre. Le commerce de la côte Orientale d'Affrique fut abandonné, & céda à la
prodigieufe richeffe de celui de
l'Inde.

La côte Occidentale de l'Af- L. xxi;
frique devint connue & habitée, C. 8.
par la Puiffance & les richeffes de
Carthage. Hannon tranfporta des
Carthaginois, & fit même de
grands établiffemens depuis les
Colonnes d'Hercule jufqu'à Cer-
né, c'eft-à-dire, jufqu'à trois dégrés au Sud de la hauteur des Ca-
naries. Si Hannon porta la navigation plus loin au Midi, il ne paroît
pas qu'elle occafionnât aucuns

nouveaux établissemens sur la côte.

Les premiers établissemens pe-
rirent infailliblement avec l'Empire Carthaginois, & il n'en resta
pas même de vestiges. Les Carthaginois avoient, du côté du
Nord, porté leurs découvertes
jusques en Angleterre.

La ruine de Carthage, dont le
commerce d'œconomie étoit partagé par les Marseillois, fit la ri-
chesse de Marseille, qui se trouva
sans concurrent, & qui continua
long-temps à vivre sous cette pro-
tection des Romains, qui lui avoit
été si utile contre la prosperité de
Carthage.

L. xxi.   On a peine à se familiariser avec
C. 9. 10. le génie des Romains, & avec leur
11, 12,   façon de penser sur la marine & le
commerce. Ils ne faisoient cas que
des troupes de terre ; ils ne desti-
noient au service de mer, que les
citoyens trop peu considerables

A.

pour avoir place dans les légions;
& les gens de mer étoient originairement des affranchis.

Pour moi je crois que le premier
Conful qui commanda une Flotte
Romaine, s'eftima très-peu honoré, mais que l'amour naturel des
Romains pour la gloire dut les dé-
fabufer de leurs préjugés, quand
ils virent que l'on pouvoit auffi fur
mer moiffonner des lauriers.

On ne leur a jamais remarqué
de jaloufie fur le commerce. Ils
attaquerent Carthage comme riva-
le, & non pas comme commerçante. Ils protégerent des Villes
de commerce, quoiqu'elles ne
leur fuffent pas fujettes. Ils aug-
menterent la puiffance de Mar-
feille. Ils craignoient tout des Peuples qu'ils nommoient Barbares,
& ne penfoient pas, qu'un Peuple
commerçant pût devenir redou-
table. Ils n'avoient fur tout cela

aucune idée spéculative: d'ailleurs, leur éducation militaire, la forme de leur gouvernement les éloignoient naturellement du commerce. A la Ville, des élections, des brigues, des procès, les soins de la guerre par terre ; à la Campagne, l'agriculture pour la simple subsistance d'abord; dans les Provinces, un gouvernement dur & tirannique : tout cela ne laissoit point de place aux idées de commerce.

Leur droit des gens contenoit des maximes totalement contraires à l'esprit de communication de nation à nation.

Leur droit civil, tel entr'autres que la Loi de Constantin, tendoit à dégrader & à faire mépriser toute profession commerçante.

C'est par bonne opinion générale pour les Romains, qu'on n'a pas voulu les soupçonner de ne pas protéger un objet aussi utile que le commerce ; mais la vérité est, qu'en général ils n'ont jamais eu ce qu'on appelle l'esprit de cet état.

Ils interdirent effectivement tout commerce avec les Barbares, tandis qu'ils les tinrent sous leur empire ; mais les Barbares, à leur tour, les forcerent à commercer avec eux, quand ils furent en état de leur donner la Loi. Parvient-on à faire par goût, ou par principe, ce qu'on n'a commencé à faire que par violence ?

Ils eurent pourtant quelque commerce avec l'Arabie, dont ils alloient acheter les marchandises ; & s'ils ont eu un grand commerce à l'Inde, comme cela est vrai, c'é-toit plutôt par ambition de puis-sance, que dans le véritable esprit du commerce. La preuve en est, que ce ne pouvoit manquer de leur

être un commerce fort à charge
alors, par la néceffité d'envoyer
aux Indes beaucoup d'argent. Ils
ne connoiffoient pas encore, &
n'avoient point la reffource de l'or
& de l'argent de l'Amérique. C'eft
vraifemblablement ce qui les obli-
gea à augmenter la valeur numé-
raire de l'argent, c'eft-à-dire, à introduire la monnoie de billon ;
n'ayant point ailleurs de commerce qui leur pût faire entrer de l'argent, il falloit que la dépenfe de
l'Inde les ruinât & les épuifât.

Le commerce principal intérieur étoit la traite des bleds néceffaires à la fubfiftance du Peuple
de Rome, ce qui devenoit, en
quelque façon, un fimple fait de
police.

L. xxi.
C. 13.
Après la deftruction des Romains en Occident, tout devint
art militaire ou dévaftation. Le
brigandage prit la place du peu de

commerce qui fubfiftoit ; les droits
violents d'aubaine & de nauffrage,
qui prirent naiffance alors, mirent
un nouvel obftacle à la communication entre les nations ; & l'on
ne trouve chez les Vifigots prefque qu'une feule & unique Loi
en faveur du commerce. C'eft
celle qui ordonnoit, *que les mar-*
chands qui venoient de delà la mer,
feroient, pour les différends qui naî-
troient entr'eux, jugés par les Juges
& felon les Loix de leur nation.

En Orient, après la deftruction
de l'Empire Grec, les Mahometans conquirent & ravagerent tout,
& ne fongerent point au commerce en Afie. Les feuls Soudans en
Egypte continuerent de faire le
commerce de l'Inde, & devinrent
extrémement puiffans ; s'ils l'euffent été moins, ils n'auroient pas
réfifté fi heureufement à lá valeur
des Croifés.

L. xxi.
C. 14.

Le commerce, fur-tout celui de
l'argent à intérêt, enfeigné dans
la Politique d'Ariftote, dont la
Philofophie commença à devenir
celle de tout l'Occident, paffa
dans les mains de la nation Juive.
Elle y acquit des richeffes immenfes, dont la jaloufie lui attira de
violentes perfécutions. Les Juifs
en effuyerent d'horribles en Angleterre fous le Roi Jean & fous
Henry III. & ces perfécutions ne
ceffoient que quand ils avoient
tout donné. Ailleurs, on confif-
quoit les biens de ceux qui em-
braffoient le Chriftianifme, fingu-
liere maniere de les y amener ; &
cela dura en France jufqu'à l'Edit
donné à Baville le 4 Avril 1392.
Vraifemblablement c'étoit une
efpéce de droit d'amortiffement
pour tenir lieu des taxes qu'on
levoit fur ceux qui reftoient Juifs.

Quoi qu'il en foit, il fera vrai

de dire, que d'un côté, l'on con-
fifquoit fur ceux qui fe faifoient
Chrétiens, & que de l'autre, on
brûloit ceux qui refufoient de l'ê-
tre.

Enfin, du fein de leur perfécu-
tion nâquit une des méthodes le
plus néceffaire au commerce, je
veux dire les Lettres de change,
qui, formant un bien invifible, fe
trouverent à l'abri de toute confifcation. Les Juifs refugiés en
Normandie fous Philippes Auguf-
te & Philippe le Long, donnoient
à des Négocians étrangers & à des
Voyageurs, des Lettres fecrettes
qui s'acquittoient.

L'Avarice des Princes d'alors
trouvant un frein dans cette inge-
nieufe fubtilité, ils fentirent que
déformais les coups d'autorité
alloient porter à faux; ils devinrent plus humains, & le Public
adopta dans le commerce une mé-

thode qui , d'un bout de la terre à l'autre , rendoit les richeſſes communicatives.

Tout s'aprochoit donc dans le commerce , par la deſtruction du Machiaveliſme , d'un état de proſperité , lorſque la découverte plus entiere de deux nouveaux mondes, dont on connoiſſoit à peine quelques portions de côtes , & d'un troiſiéme totalement inconnu, annonça de nouveaux événemens , & donna au commerce une face nouvelle.

L. xxi.
C. 17.
Les Vénitiens faiſoient , par les terres des Turcs , malgré les outrages & les avanies , le commerce des Indes , lorſque les Portugais découvrirent le Cap de Bonne-eſperance , & une vaſte mer qui les mena directement aux Indes Orientales , où ils firent des établiſſemens conſiderables..

Pendant que par le commerce

ils donnoient des Loix à l'Orient,
Christophe Colomb découvrit
l'Amérique aux Espagnols, qui,
avec des forces médiocres, y for-
merent un Empire immense.

Les deux nations se rejoignirent
en un point, & elles crurent le
Pape Alexandre VI. compétent
pour les borner, comme il fit par
la célebre ligne de démarquation,
qui détermina les bornes de l'O-
rient & de l'Occident.

D'aussi grandes entreprises ne
pouvoient manquer de susciter des
concurrens. Les Hollandois chas-
serent les Portugais de presque tout
l'Orient. Plusieurs nations vinrent
partager l'Amérique, trop grande
sans doute pour une seule, & peut-
être pourrois-je ajouter, pour toutes celles ensemble qui ont con-
couru.

On crut devoir oublier que les
Espagnols regardoient les terres

découvertes comme des objets de conquêtes, on voulut ne les regar-der que comme les objets d'un commerce, libre par ſa nature à tout le monde.

De là l'ingenieuſe invention des Compagnies de commerce, qui, gouvernant ces Etats éloignés, uniquement pour le commerce, ont fait de grandes Puiſſances ac-ceſſoires, ſans embarraſſer l'Etat principal.

De là ces Colonies dont il n'y a point d'exemples dans l'ancienne Hiſtoire, Colonies qui, malgré leur puiſſance, ne peuvent ſe paſ-ſer du chef-lieu.

Ces établiſſemens ont donné naiſſance à pluſieurs Loix fonda-mentales de commerce en Europe.

1o. La *Metropole*, c'eſt-à-dire, l'Etat qui a fondé la Colonie, peut ſeul y négocier.

2o. Tout commerce avec une

Colonie étrangere, eft puniffa-
ble par les Loix du pays.

3°. Le commerce établi entre
les Metropoles, n'entraîne point
une permiffion pour les Colonies
qui reftent en état de prohibition.

4°. Quand le commerce étranger eft défendu avec la Colonie,
on ne peut naviguer dans fes mers
que dans les cas établis par les
Traités.

Notre Auteur va plus loin, &
conclut qu'une nation peut ceder
à une autre la mer comme elle
peut lui ceder la terre. Je fais que
cela s'eft fait, que même les Romains le firent vis-à-vis les Carthaginois par le Traité qui termina
la premiere guerre punique ; mais
le principe abfolu eft-il conforme
aux maximes de la raifon primitive à laquelle M. de Montefquieu
veut, avec raifon, que l'on re-
monte toujours? Pour moi je ne le
penfe pas.

Remontant aux vûes & au fyftême général de la création, il me
femble que tout ce qui a été créé
l'a été pour l'ufage de l'homme en
général, & de toutes les fociétés;
car les partages faits fous la Loi
du *tien* & du *mien* font des abus
arbitraires de la puiffance ou du
pouvoir. On le fent bien par l'inégalité dans les partages.

Partant de ce premier principe,
je voudrois, que l'on ne confide-
rât la mer, que comme un grand
chemin public de communication
entre toutes les parties du monde,
qui eft ou doit être *nullius juris*,
mais qui appartient à tout le monde, qui ne doit ni ne peut par conféquent faire l'objet d'aucune propriété particuliere & diftincte; &
lorfque les Grecs affujettirent le
Roi de Perfe à ne point naviguer
avec *aucun Vaiffeau de guerre* au-
delà des Roches Scyannées & des
Ifles

Ifles Chelidonienes ; ce que l'on
a cité comme une preuve que la
mer eft partable , ils ne deman-
doient rien de contraire au fyftême que je penfe que l'on doit fe
faire fur cette matiere, fur laquelle
il a été écrit pour & contre trop de
frivoles fubtilités. On éviteroit
beaucoup de difcuffions en n'ex-
cluant de la liberté de l'ufage de
la mer , que l'appareil de guerre
qui peut faire fuppofer des intentions fufpectes ; & ce font , je croi,
les feules bornes que la faine raifon
peut autorifer en ce genre , ce qui
n'exclut point l'interdiction particuliere de certains commerces ,
que chaque nation a mille moyens
d'empêcher fans gêner la liberté
de la navigation.

Notre Auteur dit lui-même que
l'effet de la découverte de l'Amérique, fut de lier l'Europe , l'Afie
& l'Affrique. L'Affrique fournit

S

des hommes pour la culture de
l'Amérique, & celle-ci fournit la
matiere pour le commerce d'Afie.
C'eft ainfi que l'Europe la plus pe-
tite des quatre parties du monde,
s'eft accrûe des autres, qui toutes
font, pour ainfi dire, tributaires
de fa grandeur & de fon opulence.
Et dès lors ceffe d'être vraie l'opi·
nion des Voyageurs à la Chine,
quand ils difent que fon commerce eft plus grand que celui de toute
l'Europe. Le commerce de l'Europe eft aujourd'hui celui de l'univers entier.

L. xxi.
c. 18. &
19.

M. de Montefquieu paffe à l'e-
xamen des raifons qui peuvent
faire que ce commerce fi abondant
de l'Amérique, n'a point enrichi
l'Efpagne, dans la proportion des
richeffes immenfes, qu'il a répan-
dues dans le furplus de l'Europe;
& fon raifonnement, quoiqu'un
peu méthaphifique au premier

coup d'œil, ne paroît cependant
pas dénué des caractéres de la démonftration, du moins en fe renfermant dans les premieres époques de cet établiffement. Il fe
fonde fur la fameufe banqueroute
que Philippe II. lui-même fut obligé de faire, & fur ce qu'il ne fut
jamais en état d'arrêter les mur-
mures de fes troupes, faute de
payement. Peut-être M. de Montefquieu auroit-il pû trouver la
principale caufe de cet épuifement
intérieur, dans les dépenfes énor-
mes que Philippe II. faifoit dans
toute l'Europe; dépenfe en pure
perte, dont rien ne rentroit en Efpagne.

Quoi qu'il en foit, fuivons notre
Auteur dans fa démonftration.

L'or & l'argent font une richeffe
de fiction & de figne, qui plus elle
fe multiplie, plus elle perd de fon
prix, parce qu'elle repréfente moins

de chofes. Les Efpagnols aban-
donnerent des richeffes naturelles,
pour avoir des richeffes de figne,
qui s'avilissoient par leur abondance ; & quoique l'on n'eût pas encore le talent de tirer des mines,
autant qu'on a appris à en tirer depuis, l'argent doubla en Europe,
puifque le prix de tout ce qui s'a-
chetoit doubla. A mefure que la
quantité d'argent apporté en Europe a augmenté, il a fallu néceffairement que la richeffe réelle diminuât.

Les Compagnies & les Banques
que plufieurs nations établirent, en
multipliant les fignes des valeurs,
avilirent encore l'or & l'argent ;
& l'on peut dire que fi le commerce de l'Orient n'avoit pas oc-
cafionné & fait une dépenfe de
l'efpéce, il y en auroit eu tant en
Europe, que l'Europe auroit ref-
femblé à ce Roi infenfé qui avoit

demandé aux Dieux que tout ce qu'il touchoit fût converti en or.

Les Loix fomptuaires, ajoute notre Auteur , ne conviennent donc point à l'Efpagne, qui ga- gneroit à voir employer l'or en dorures & en autres fuperfluités.

Il n'eft pas non plus perfuadé que le commerce des Indes par Cadix foit avantageux à l'Efpagne, qui n'eft que le commiffionnaire de l'induftrie du refte de l'Europe.

Enfin , il conclut par une réfle- xion fur l'inconvénient pour l'Ef- pagne, qui eft le chef-lieu, de n'ê- tre que la Puiffance acceffoire , tandis que ce font les Indes qui font devenu la Puiffance prin- cipale. C'eft à quoi il faut pour- tant convenir que l'Efpagne a pourvû par les fages Loix d'admi- niftration , que nous avons déja obfervé qu'elle a établies dans ces pays là.

Pour moi il me semble qu'il ne faut pas raisonner aujourd'hui sur les Indes en rapport à l'Espagne, comme on auroit pû faire dans le commencement.

L'établissement a pû être onéreux & coûteux, sur-tout par rapport à la population, qui certainement diminua en Espagne. Cet inconvénient ne subsiste plus aujourd'hui, & les meilleurs observateurs Espagnols en conviennent eux-mêmes, & ont démontré cette vérité avec une entiere évidence.

L'Espagne ne pouvant pas, des produits de son sol, approvisionner l'Amérique, n'a-t elle pas pris un parti sage, de se réserver au moins le commerce par commission, qui n'est jamais sujet à aucun inconvénient, & de se ménager par là, des produits de doüanne considerables, qu'elle perdroit sans doute, si l'on décidoit en faveur de la

liberté générale à toutes les nations, le problême proposé par M.
de Montesquieu, & qu'il n'entre-
prend pas de résoudre. Il est démontré par l'experience contre l'o-
pinion de M. de Montesquieu,
que les droits d'entrée & de sortie
à Cadix sur les marchandises desti-
nées pour les Indes, le droit de
fret & les droits que l'Espagne per-
çoit sur les retours d'Amérique,
lui laissent des sommes considerables, au moyen desquelles elle
paye les Troupes, les Tribunaux,
& se procure du dehors les choses
qui peuvent lui manquer au de-
dans. C'est peut-être d'ailleurs le
plus grand service que l'Espagne
ait pû rendre à l'Europe, que de se
réserver le commerce ou la traite
en Amérique. Toutes les nations
commerçantes se seroient persécu-
tées par des guerres continuelles,
qui auroient à la fin détruit l'établissement.

Au lieu de cela , elles ont , fans
rifque & fans danger , un profit
affûré , par l'envoi de leurs marchandifes ; & comme par l'état
connu des Foires en Amérique ,
elles font à portée de favoir l'état
d'approvifionnement de ces pays-
là , elles reftent toujours les maî-
treffes de ne changer qu'autant &
quand il le faut , ce qui fait de ce
commerce une efpéce mixte , dépendant en même temps de la
volonté du gouvernement , & de
celle des étrangers , que rien ne
contraint à fournir des marchandifes , quand ils ne le veulent pas.

Que l'Efpagne foit donc toujours fidéle pour les envois & pour
les retours , je crois qu'elle ne
pouvoit établir un fyftême de commerce en Amérique qui lui fût plus
avantageux que celui qui fubfifte
aujourd'hui , qui d'ailleurs la met
en état d'entretenir une marine
con fidérable

confiderable, & d'occuper beaucoup de gens qui, dans plufieurs
parties de l'Efpagne, ne trouve-
roient pas aifément d'occupation.

T.

PARAGRAPHE XIII.

Du rapport des Loix avec le nombre des Habitans.

L'ON ne réfléchit pas affez, ni affez fouvent fur l'importance dont il eft de favorifer la popula-tion. Envain le fol fera fertile par lui-même, s'il n'y a pas des bras pour le cultiver.

La terre contient en fon fein tous les fels propres à quelque genre de productions que ce puiffe être; mais il faut les animer, & , pour ainfi dire, les aiguifer en les remuant & en les dévelopant à cet Aftre bienfaifant, qui fertilife tout ce qu'il éclaire de fes rayons. C'eft une mere généreufe, mais qu'il faut folliciter par les foins pénibles de la culture. Sans cela

fes richeffes reftent renfermées,
& elle n'offre aux yeux que le
fpectacle horrible de la fterilité.

Par tout où il y a des hommes,
l'intérêt de leur fubfiftance les
porte à la cultivation : ainfi toutes
Loix qui en rendront l'efpéce
abondante feront des gages affû-
rés de la fertilité & de l'abondance
du fol.

Comme les Eftres phifiques font L. xxiii;
régis, ainfi que nous l'avons dit, C. 1. 2.
par des mouvemens réglés & or-
donnés , & en même temps immuables , les femelles des animaux ont une fécondité à peu près
égale & conftante. Ils fe joignent
par l'attrait d'un plaifir dont l'effet
eft fûr ; & alors cet attrait ceffe,
jufqu'à ce que l'ordre de la nature
qui lui eft propre lui permette de
renaître ; mais dans l'efpéce humaine , mille caufes que fa dérai-
fon enfante , en troublent & en

T ij

interrompent la propagation.

Tels le caraĉtére , les paffions ,
les fantaifies , les caprices , la
crainte des intérêts de la beauté ,
celle des rifques de la groffeffe ou
de l'embarras d'une nombreufe famille , qui font autant d'obftacles
à la multiplication de l'efpéce.
Ainfi , la corruption des mœurs &
la mifere font des ennemis de la
propagation, que les Loix doivent,
pour ainfi dire , pourfuivre à ou-
trance.

L'obligation naturelle que le
pere a de nourrir fes enfans , a fait
établir le mariage, qui déclare &
démontre celui qui doit remplir
cette obligation. C'étoit chez les
Garamantes , au rapport de Pom-
ponius Mela , la reffemblance de
l'enfant qui décidoit le pere. Les
Loix ne pourroient pas s'accommoder d'une auffi frivole indication. Elles peuvent , à la vérité ,

être & font trompées tous les jours, mais elles ont du moins un point fixe pour le général, & elles ont toujours cherché de préférence à affûrer l'état des enfans.

Les obligations relatives aux enfans, ont beaucoup plus d'étendue chez les hommes. Ils n'en doivent pas être quittes pour la nourriture. La raifon ne vient aux enfans que long-temps après qu'ils n'ont plus befoin de perfonne pour vivre. Il faut donc que la même main qui les a nourris les conduife & les gouverne.

Les conjonctions illicites contribuent peu à la propagation de l'efpéce. Tous ceux qui contractent alors des obligations naturelles, en craignent la charge, ou rougiffent de les avouer. Il a fallu y pourvoir par des établiffemens où tous ces fcrupules puffent fe taire. Ces établiffemens ont par-

ticulierement fuppléé à la confiance que la Loi ne pouvoit jamais
avoir pour les femmes livrées à une
proftitution publique , & en qui
l'on fait , par une experience conftante , que la fécondité ne fuit
gueres l'attrait du plaifir.

L. xxiii.   Si , lorfqu'il y a mariage , l'en-
C. 3.   fant fuit la condition du pere , il
eft indifpenfable , quand il n'y en
a pas , que l'enfant fuive la condition de la mere. C'eft ce que la
raifon confeille , & ce qui a lieu
chez prefque toutes les nations
qui ont des efclaves.

L. xxiii.   Il eft aufli reçû prefque par tout,
C. 4. 5.   que la femme paffe dans la famille
du mari. La famille eft une forte
de propriété dont l'amour fait, que
l'homme n'eft pas content , qu'il
n'ait des enfans du fexe qui la peut
perpétuer. Or chaque famille a le
defir d'étendre fa durée. C'eft ce
fentiment qui porte au mariage ,

& qui contribue beaucoup à la propagation de l'espéce humaine.

Lorsque les Loix & les Religions humaines, telle que celle de Mahomet, ont autorisé ou établi divers ordres de conjonctions civiles, & par conséquent de femmes, les enfans qui naissent dans ces différens ordres, doivent jouir du bénéfice de la Loi, puisqu'il seroit contraire à la saine raison, que la Loi flétrît dans les enfans ce qu'elle a approuvé dans le pere.

Ces sortes d'autorisations sont cependant quelquefois restraintes par des réglemens particuliers, comme au Japon, où il n'y a que les enfans de la femme, donnée & dotée par l'Empereur, qui succedent ; mais ce sont de simples Loix de politique locale, qui ne demandent pas que l'on s'étende davantage sur leurs dispositions.

T iiij

On n'en peut rien conclure.

L. xxiii.
C. 6. La conftitution Républicaine exigeant pour fa profpérité que les mœurs y foient pures, les bâtards y doivent être plus flétris que dans les Monarchies.

Cela étoit ainfi d'abord à Rome, où les inftitutions anciennes mettant tous les citoyens dans une efpéce d'obligation de fe marier, & le joug du mariage étant allegé par la permiffion de répudier ou de faire divorce, il n'y avoit qu'une extrême corruption de mœurs qui pût porter au concubinage; fans cela, les Loix civiles fe feroient, en ce point, trouvées en contradiction.

D'ailleurs, la qualité de citoyen qui fait participer à la fouveraine puiffance, étant confiderable dans les démocraties, l'intérêt de la conftitution particuliere de la République demandoit ce genre de févérité de Loix.

Des intérêts momentanés ont pourtant quelquefois fait varier cette jurisprudence, puisque dans quelques Villes, au rapport d'Ariltote, lorfqu'il n'y avoit pas affez de citoyens, on appelloit les bâtards à fucceder, & que, quand il y en avoit affez, on les en excluoit.

Il fuffiroit prefque de la raifon que nous venons de dire, que la famille eft une propriété, pour autorifer la nécellité du confentement des peres au mariage de leurs enfans; mais elle eft encore fondée fur leur amour, fur leur raifon, & fur l'incertitude de celle des enfans.

L. xx111;
C. 7.

Les Magiftrats à Lacedemone, dirigeoient les mariages, & faifoient en cela les fonctisns des peres. Platon penfoit que cela devoit être ainfi; fondé fur ce que l'amour du bien public, qui anime les Magiftrats, furpaffe tout autre amour, & n'eft pas auffi fujet à fe tromper que le pouvoit étre le difcernement paternel.

Cependant il eft plus fûr de s'en tenir aux inftitutions ordinaires, fondées fur ce que la prudence paternelle eft au-deffus de toute autre prudence. Ce n'eft pas la feule chofe, fur laquelle Platon a préféré la fingularité fyftématique à la voix de la raifon primitive & naturelle.

L. XXIII.
C. 9. 10. La gêne & la contrainte dans laquelle les filles font élevées, leur fait affez fouhaiter des établiffemens.

La nature y portera également les garçons, toutes les fois qu'elle ne fera pas arrêtée par la difficulté de la fubfiftance. C'eft effectivement la premiere chofe que l'on projette, dès qu'une place ou une fituation d'état quelconque, pa-

roît offrir à vivre commodément
pour deux. Tout ce qui eſt à craindre pour l'aiſance & le bien être
des enfans, eſt qu'on ne le croye
trop légerement.

C'eſt auſſi par cette raiſon, &
parce que les mœurs n'y ſont pas
encore ordinairement corrompues,
que les Peuples naiſſans croiſſent
& ſe multiplient beaucoup.

Il eſt un état bien oppoſé au bon
ordre public qui multiplie beaucoup ; c'eſt celui des mandians.
L'oiſiveté & la certitude, que cet
état de miſere donne à vivre ſans
travailler, en ſont le : cauſes ; mais
c'eſt une mauvaiſe eſpéce de population, puiſqu'elle ne donne à l'E-
tat que des pareſſeux & des gens
inutiles, & quelquefois dangereux.

Les gens, au contraire, qui ne
ſont pauvres, que parce que le gouvernement public les rend tels, qui

L. xxiii,
C. ii.

regardent leurs champs moins
comme un objet de subsistance
que comme une occasion de vexa-
tion, qui ne peuvent pas même se
soigner dans leurs maladies, ne
songent gueres à se multiplier.

Ce sont des considerations importantes qui devroient faire sentir combien la misere publique
nuit à la population. C'est ainsi
quelquefois qu'un sentiment naturel peut être détruit par un autre
sentiment naturel. On a prétendu
que les femmes Amériquaines se
faisoient avorter, pour que leurs
enfans n'eussent point de maîtres
aussi cruels que les premiers Espagnols qu'elles connurent.

L. xxiii. Je ne trouve point ici notre Au-
C. 14. 15. teur d'accord avec ses propres principes, quand il veut faire dépen-
dre la quantité de la population
de l'espéce du produit des terres,
qui demandent plus ou moins de

bras pour la cultivation.

Tout pays où les hommes font misérables, quoiqu'il produise, aura peu d'habitans. Pourquoi, par exemple, les pays à pâturage pourront-ils être dans ce cas-là ? Notre Auteur n'en a pas saisi la véritable raison. C'est que les pâturages appartiennent au Seigneur, & que le payfan n'y poffedant prefque rien, eft réduit à l'état de fimple journalier, qui, communément, eft un état pauvre, & qui ne conftitue point de domicile. C'eft la raifon du Peuple plus nombreux dans les pays à bled & à vignes, toutes les fois qu'il ne fera pas écrafé par les impôts publics.

Il eft conftant que fi chaque cultivateur ne cultivoit pas au-delà du néceffaire pour vivre, la fubfiftance manqueroit à beaucoup de gens ; mais il s'en faut bien que la fimplification des machines puiffe ja-

mais être pernicieufe, comme le
prétend M. de Montefquieu, qui
me paroît fe fâcher fort gratuite-
ment contre l'invention des mou-
lins à eau. Dans nos climats fur-
tout, les arts, au nombre defquels
je comprens l'agriculture, peuvent
fournir de quoi occuper tout le
monde, & il ne faut pas craindre
qu'il refte des bras oififs, par le défaut d'occupation. Plus la méchanique des arts pourra être fimpli-
fiée, plus on rendra de bras à la
cultivation. Pour moi je voudrois
que les femoirs dont l'idée eft née
du génie d'un bon citoyen, puffent être amenés à leur point de
perfection. J'ai grand peur que
cette invention n'ait le fort des
eflais que l'on veut appliquer du
petit au grand.

L. xxiii. Les Loix n'ont rien à faire, où
C. 16. 17. la population eft affûrée par la fécondité attachée au climat. Tels

les pays Afiatiques ; aufli les Légiflateurs de l'ancienne Gréce, aujourd'hui fi dépeuplée par les conquerans qui l'ont envahie, pour y
détruire l'efpéce humaine, ne s'oc-
cupoient - ils que des moyens de
faire vivre les citoyens, & non pas
de les multiplier. Les Grecs en-
voyoient des Colonies au dehors,
parce qu'ils avoient plus de Peuple
qu'ils n'en pouvoient nourrir. Tous
les pays voifins ou à portée de la
Suifle, nourriflent ce qu'elle a
d'habitans de trop. C'eft une façon
pour elle d'envoyer des Colonies.
Il ne leur manque que de former
un corps, ce qui ne fe peut plus.

Nous ne pouvons douter par L. xxiii.
l'Hiftoire des Gaules & des Ger- C. 18. 19.
mains, que la population n'y ait
été très-abondante. Les longues
guerres,& les grandes inondations
des Barbares ont commencé à la
diminuer.

Les Romains nous offrent sur cette matiere un grand spectacle. La grandeur de leurs projets leur rendoit les hommes néceffaires; ils en dépenfoient, pour ainfi dire, une quantité innombrable : ainfi les Loix propres à favorifer la propagation, étoient pour eux des Loix fondamentales d'Etat.

On voit ces Loix varier felon le befoin. Il commencerent par fe procurer des citoyens, en admettant les étrangers au droit de cité.

Leurs anciennes Loix tendirent à déterminer les citoyens au mariage.

Les cenfeurs avoient l'œil fur les mariages; mais la corruption des mœurs éloigna de l'envie de fe marier, & détruifit elle-même les cenfeurs.

Si Rome n'avoit eu que des guerres extérieures à foutenir; En maintenant les Loix favorables

à

à la propagation, elle y auroit pû
fournir, mais les diſcordes civiles,
les Triumvirats, les proſcriptions,
l'épuiſerent tellement de citoyens,
que Céſar & Auguſte crurent devoir donner leur plus grande attention aux moyens d'y remédier. La
cenſure fut rétablie. Céſar fixa
des récompenſes pour ceux qui
avoient beaucoup d'enfans. Il défendit l'honneur de la litiere &
l'uſage des pierreries aux femmes
au-deſſous de quarante-cinq ans,
qui n'auroient ni maris ni enfans.
Auguſte alla encore plus loin ; il
impoſa de nouvelles peines à ceux
qui n'étoient point mariés, & il
aſſigna des récompenſes conſiderables à ceux qui l'étoient & avoient
des enfans, on en fit même un
titre pour monter aux honneurs.

Les Empereurs qui ſuivirent ne
ſoutinrent pas toutes ces Loix dans
toute leur force ou toute leur vi-

V

gueur. La corruption des mœurs, dont quelques-uns d'entr'eux donnerent même l'exemple, fut encore la plus forte, & l'on en vint à cet état, où l'on peut dire que moins il y a de gens mariés, & moins il y a de fidélité dans les mariages, comme lorsqu'il y a plus de voleurs, il y a plus de vols.

Vinrent ensuite les Loix du Christianisme, qui, à la vérité, ouvrirent la porte à la vie célibataire, mais qui ramenant la régle & la pureté des mœurs, dèvoient couper par la racine le mal, que les Loix humaines des Romains n'avoient pû détruire dans son principe.

L. XXIII. C. 23. 24. 25. 26. 27. La ruine de l'Empire Romain ne s'opera point fans une grande effufion de fang de part & d'autre; & l'on ne conçoit, pour ainfi dire, pas comment il restoit encore de l'espéce, lorfque l'Histoire nous

préfente le vafte Empire de Charlemagne.

Mais la nature de cet Empire
fut telle, qu'il fe forma fous la
main du Souverain nombre de petites fouverainetés & feigneuries
particulieres, dont nous devons
croire que les chefs, réfidant chacun chez eux, & occupés de leurs
intérêts, fongerent néceffairement
à favorifer la population, puifque
du nombre de leurs vaffaux devoit
dépendre leur richeffe, leur force
& leur confideration perfonnelle.
Nous ignorons, à la vérité, leur
méthode & leurs Loix, mais par
la quantité d'hommes qui dûrent
perir dans les guerres continuelles
depuis ce temps jufqu'à celui des
Croizades, qui mirent en mouvement une fourmiliere d'hommes,
il n'eft pas permis de douter que
l'Europe s'étoit repeuplée au-delà
de toute proportion imaginable.
V ij

Depuis ces temps-là les gouvernemens sages se sont occupés
des mêmes soins de la propagation, & si le régne de Louis XIV.
ne nous fournit pas beaucoup de
Loix en ce genre, nous savons au
moins que, par le ministere desgens
chargés de l'administration sous
ses ordres, on a employé beaucoup de moyens de détail & de
secours pour conserver l'espéce. Il
n'est pas de notre sujet d'examiner
si l'on a fait à cet égard tout ce qui
étoit à faire ; nous nous renferme-
rons dans quelques réflexions &
dans quelques principes généraux
sur cette importante matiere.

L. xxiii.
C. 28.

Un Etat peut se dépeupler par
des accidens passagers, comme de
guerre, de peste ou de famine ; &
alors ce n'est pas un mal sans reméde, parce que les hommes qui
restent pouvant conserver l'esprit
de travail & d'industrie, cherchent

d'eux - mêmes , pour peu qu'ils y
foient aidés , à réparer leurs malheurs ; mais lorfque la dépopu-
lation vient de longue main par
quelque vice de gouvernement , le
découragement de l'habitant devient un obftacle invincible ; &
c'eft le cas où il faut employer des
moyens extraordinaires , qui donnant à vivre en faifant travailler ,
reffufcitent cet efprit de travail &
d'induftrie , qui , fur-tout chez certaines nations, ne meurt, pour ainfi
dire , jamais entierement. Il n'eft
point de pays où il n'y ait beaucoup
de terres en friche , que le Colon
cultiveroit fi on lui fourniffoit le
moyen & l'encouragement pour
le faire.

En tout pays il eft des pauvres ;   L. xxiii.
mais il faut bien diftinguer la pau- C. 29.
vreté particuliere de la pauvreté
générale ; & pour ne fe pas tromper dans les moyens , il faut encore

connoître quel eſt le principe de la
pauvreté particuliere.

Un homme eſt moins pauvre,
parce qu'il n'a rien, que parce qu'il
ne travaille pas.

Celui qui, ſans avoir aucun fond,
a un métier, eſt moins pauvre en
rapport à ſes enfans, que celui qui
a un fond ſujet à partage. L'art
que le pere laiſſe à ſes enfans n'eſt
point ſujet à diminution, & il per-
pétue les moyens de ſubſiſter.

De là il ſuit que les aumônes
que l'on fait à un fainéant nud
dans les rues, ne rempliſſent point
les obligations ni les vûes de l'Etat.
L'on ne peut pas, à la vérité, parler contre la charité manuelle,
mais il ſeroit à ſouhaiter, pour la
choſe publique, qu'elle pût être
faite avec un diſcernement tel
qu'elle n'entretînt point la pareſſe
& l'oiſiveté. On peut, en faiſant
de bonnes œuvres, les diriger auſſi

dans l'esprit de citoyen, & ce ne
sera pas pour cela un mérite perdu.

Il suit encore de là que ce ne
sera pas la quantité d'Hôpitaux
qui remédiera à la pauvreté générale. Ils doivent aller au secours
d'un vieillard impuissant, & des
malades hors d'état de se faire soigner ; mais il faut éviter qu'ils puissent produire l'effet d'entretenir
l'esprit de paresse.

Les Hôpitaux qui sont fondés
sur le travail de ceux qu'on y ad-
met, seront les seuls utiles, parce
qu'ayant pour objet de montrer &
d'apprendre à travailler, ils peuvent se décharger à mesure de ceux
qu'on y a mis en état de gagner
leur vie par le travail, & qui sont
au fond les seuls sujets utiles à l'E-
tat. Henry VIII. d'Angleterre
supprima les Hôpitaux où le bas
Peuple paresseux trouvoit sa subsistance ; & cette suppression ren-

di: beaucoup de bras à l'induftrie
& au commerce.

Toutes ces confidérations pourroient influer beaucoup fur la population, qui ne feroit jamais plus
abondante, que lorfqu'il n'y auroit
point de oififs & de gens fans feu
ni lieu, qui trouvant un objet d'u-
tilité à ne fe point faire de domicile, ne peuvent par conféquent
point être portés au mariage, qui
en conftitue néceffairement un.
L'efprit citoyen ne s'accoutume
point à voir un état de gens qui ne
font bons à quoi que ce foit au
monde, & dont l'inutilité fait même la fubfiftance.

Seroit-ce donc aller trop loin,
que de dire que la fuppreffion totale de ce qu'on nomme gueux,
mandians, feroit la chofe du monde la plus importante pour le bonheur d'un Etat. Cela dépend-il de
la légiflation ou de l'adminiftration?

tion ? C'eſt ce que je laiſſe à décider à ceux qui voudront confa-
crer leurs veilles à ce projet digne
de l'immortalité. L'Orient eſt
plein de fainéans & de pénitens
publics, que l'aveuglement même
de ſes habitans révére ; mais ils
ont du Peuple de reſte pour vaquer
aux arts & à la cultivation ; ainſi
leur état politique non-ſeulement
n'en ſouffre pas , mais même s'en
peut accommoder.

X

PARAGRAPHE XIV.

Du rapport des Loix avec les Religions, considerées dans leurs Dogmes & en elles-mêmes.

NOus arrivons aux deux Livres de l'ouvrage de M. de Montesquieu, qui ont donné lieu aux plus vives critiques contre lui ; critiques portées jusques à l'accuser de n'avoir point de Religion. Mais ne lui a-t-on point fait d'injustice en ce point ?.

Il explique bien clairement qu'il n'entend parler qu'en écrivain politique, dans le vingt-quatriéme Livre qui fait le sujet de ce Paragraphe-ci, des Religions, tant celles qui ont leur racine sur terre, que celle qui a sa racine dans le Ciel, qu'il se propose d'examiner

en ce qu'elles peuvent avoir d'a-
nalogue ou de contraire à la légiflation civile en chaque pays, en
chaque climat. Le fond de fes
fentimens pouvoit - il être fuf-
pect, après l'admirable portrait
que, dans le treiziéme Chapitre
de ce Livre fur les crimes inexpiables, il fait de la Religion Chrétienne?

» Mais, dit-il, une Religion
» qui envelope toutes les paffions,
» qui n'eft pas plus jaloufe des ac-
» tions que des defirs & des pen-
» fées, qui ne nous tient point at-
» tachés par quelques chaînes,
» mais par un nombre innombra-
» ble de fils; qui laiffe derriere elle
» la juftice humaine, & qui com-
» mence une autre juftice; qui eft
» faite pour nous mener fans ceffe
» du repentir à l'amour, & de l'a-
» mour au repentir; qui met entre
» le juge & le criminel un grand

» médiateur, entre le juste & le
» médiateur un grand juge ; une
» telle Religion ne doit point avoir
» de crimes inexpiables. Mais
» quoiqu'elle donne des esperan-
» ces & des craintes à tous, elle
» fait assez sentir que s'il n'y a point
» de crime qui, par sa nature, soit
» inexpiable, toute une vie peut
» l'être ; qu'il seroit très-dangereux
» de tourmenter la miséricorde par
» de nouveaux crimes & 'de nou-
» velles expiations ; qu'inquiets
» sur les anciennes dettes, jamais
» quittes envers le Seigneur, nous
» devons craindre d'en contracter
» de nouvelles, de combler la
» mesure, & d'aller jusqu'au terme
» où la bonté paternelle finit.

C'est ainsi que M. de Montesquieu s'exprime sur la Religion
Chrétienne. Ce tableau, qui me
paroît contenir les idées les plus
exactes de la grandeur & de la bon-

té qui fait le caractére diftinctif de notre Religion, femble-t-il pré-fenter un incrédule, un athée, un homme à qui toutes Religions foient égales? Ce portrait n'eft-il que l'ouvrage de l'efprit, & laiffe-t-il lieu de douter que fon auteur fût perfuadé? Heureux fi tout Chrétien favoit penfer & fentir ainfi, & agir en conféquence!

Je ne dis cependant pas, que dans le détail, il n'y ait peut-être quelques expreffions peu exactes. Telle feroit celle du titre de ce vingt-quatriéme Livre, fur laquelle on pourroit dire que le mot de *Religion* n'auroit pas dû être mis au fin-gulier, parce que dans la bouche d'un Chrétien, cela fuppofe tou-jours la Religion Chrétienne, & que c'eft en foi une irrégularité, quoiqu'elle foit corrigée dès le premier Chapitre, où l'Auteur dit clairement, qu'il n'entend parler que des fauſſes Religions.

Saiſis de cette délicateſſe, nous y avons eu égard dans l'intitulation de ce Paragraphe-ci.

On pourroit encore reprocher à ſon exactitude la maniere dont il paroît s'expliquer ſur la convenance du Lutheraniſme & du Calviniſme avec certains climats; mais il n'a pas pû entendre ni vouloir dire, que l'intérêt politique des différens climats, des différentes conſtitutions, pût ni dût influer ſur le choix de la Religion.

Il n'a pû vouloir, que rendre compte de la raiſon des facilités plus ou moins grandes que Luther & Calvin ont dû trouver à faire admettre leurs erreurs dans les endroits où ils les ont préſentés.

Il ne ſeroit pas plus difficile de le juſtifier au fond, ſur ce qu'il dit dans ce même Livre ſur l'immortalité de l'ame.

La Religion Chrétienne eſt une Loi deſtinée à tout l'univers, & convenable à toutes ſes parties, dans les vûes de la Providence; & nous ne pouvons que reſpecter la profondeur de ſes décrets ſur les Peuples qu'elle n'a pas encore admis à la lumiere de l'Evangile.

Elle n'a point été inſtituée notre Religion, pour dépendre des vices des différens climats ou des différentes conſtitutions, ou pour s'y prêter. C'eſt une Religion de grace & de juſtice; & Dieu ne peut être glorifié que par le ſacrifice & les immolations de tout ce qui pourroit bleſſer la pureté de ſa Loi. Nous avons lieu de croire que M. de Monteſquieu étoit rempli de ces mêmes principes, & nous avons encore la mémoire fraîche des ſentimens dans leſquels il eſt mort.

Cependant, comme je me ſuis

proposé, à mesure que je trouve-
rois quelque proposition peu exacte dans mon modéle, de la rec-
tifier dans cette Analyse, j'y dois
être encore plus attentif dans les
deux Paragraphes, qui me restent à
traiter; & je croirai n'avoir dit que
ce que pensoit réellement M. de
Montesquieu , & qui peut-être
dans son ouvrage n'est point, par
le vice de l'expression, ce que l'on
appelle *sensus obvius.*

L. xxiv.   Nous nous en tenons donc affir-
C. 1. 2. 3. mativement & strictement à exa-
4. 6.   miner les principes & les effets
des fausses Religions, dont les
Auteurs n'ont eu en vûe que les
félicités de cette vie, & n'ont eu
que de fausses idées, & même
aucune, des félicités de l'autre
vie.

Il n'est pas douteux que les Législateurs de cette espéce (car nous
ne les nommerons pas autrement)

n'ont été occupés qu'à rendre leurs
fyflêmes faciles à admettre. Ainfi
ils ont confulté de préférence la
nature des climats, le génie des
nations, l'état de la légiflation déja
établie, le caractére des mœurs.
C'eft de là d'où ils font partis, &
ils étoient fûrs, que plus ils s'apro-
cheroient de ces différens points
de direction, plus ils feroient crûs
& fuivis comme gens fages.

L'homme qui n'eft point guidé
par les lumieres d'enhaut, eft néceffairement content de tout ce
qui fe prête à lui, & qui ne le con-
tredit point.

La Religion Chrétienne qui
ordonne aux hommes de s'aimer,
qui conduit aux félicités de l'une
& l'autre vie, veut fans doute que
chaque Peuple ait les meilleures
Loix politiques & civiles, parce
qu'elles font, après elle, le plus
grand bien que les hommes puif-

fent donner & recevoir ; elle fait
plus , elle en eft elle - même la
fource ; & elle leur dicte tous les
principes qui peuvent operer le
bonheur , tant des fociétés entre
elles , que de chaque fociété en
elle-même.

C'eft bien avec raifon que M.
de Montefquieu , raifonnant en
politique, attaque ce que M. Bayle
avoit entrepris de prouver dans fes
penfées fur la Comete, *qu'il valloit
mieux être Athée qu'Idolâtre.*

On ne peut pas, à la vérité,
propofer ni indiquer d'option entre
deux auffi grands malheurs ; mais
il fera pourtant vrai de dire que
l'Athéifme étant fondé fur une dé-
négation & une méconnoiffance
de tout Eftre fupérieur, & condui-
fant l'homme à un état d'indépen-
dance abfolue ou de révolte, qui
réfout tous les liens des mœurs, il
feroit encore pire que l'Idolâtrie,

au milieu des ténébres de laquelle
du moins, l'homme compte avec
quelque chofe, ou avec quelques
idées qui le peuvent diriger ou
conduire.

Chaque Autel que les Payens
élevoient, étoit un gage de leur
fentiment de dépendance & de
foumiffion à quelque chofe ; ce
quelque chofe étoit ce dont la
Puiffance gouvernante fe fervoit
pour contenir la partie gouvernée.
La foi du ferment contenoit l'homme le plus méchant & le plus per-
fide, qui n'eût compté pour rien
la foi de fon fimple engagement.

Sans une croyance, que deviendroit l'obéiffance, & à quoi ne fe
porteroit pas le pouvoir ? Il faut
même, pour que rien ne tombe
en contradiction, qu'elle foit la
même en celui qui commande&en
celui qui obéit. Cela n'eft pas ainfi
par tout ; auffi en réfulte-t-il beau-

coup d'embarras dans la légiflation politique & civile.

L'univers fe trouve aujourd'hui partagé, pour ainfi dire, entre la Religion Chrétienne & la Religion Mahométane.

Lorfque Mahomet donna, comme un Code de Religion, fes rêveries impies, il ne fe propofa de travailler, que pour les pays qu'il connoiffoit. Il étudia ce qui pouvoit convenir à leurs habitans. Comme il vouloit être conquerant par la Religion, ce fut là qu'il raporta tout fon fyftême. Il voulut plaire en flattant les paffions. Il prêchoit le glaive à la main, il l'établit comme la Loi fuprême. L'Empire qu'il fondoit ne fe pouvoit foutenir, quē par le même moyen qui l'établiffoit.

Il falloit donc que les Princes fes fucceffeurs fuffent abfolus & cruels.

Il falloit que leurs sujets fuſſent des eſclaves, & ils ne pouvoient l'être ſûrement & ſolidement pour le Prince, que par des principes religieux.

Le Peuple auquel il deſtinoit ſa Loi étoit porté à la licence & à la volupté, il autoriſa la pluralité des femmes. De là ces Sérails dans leſquels il falloit que le Prince ſe renfermât, en ſe rendant inviſible & inacceſſible à ſes ſujets.

Ce même Peuple étoit pareſſeux, il falloit encore flatter ce vice, & ne l'aſſujettir qu'à certaines pratiques légales qui ne le gênoient point.

Quel eſt au contraire le caractére eſſentiel de la Religion Chrétienne? C'eſt cette douceur ſi recommandée dans l'Evangile. Elle nous apprend en même temps que tous les hommes ſont précieux à Dieu & égaux devant lui.

De là la modération dans le gouvernement, & l'accessibilité du Prince, qui ne peut jamais craindre ceux qu'il ne fait point maltraiter.

De là la confiance de la part du sujet pour son maître; de là les Loix de la société civile, formant le lien de la paix & de la concorde; les Loix de la société politique d'une nation à une autre, se regardant comme les enfans d'une même famille.

De là cette communication facile & continuelle que les Mahometans ne connoissoient point, & sur laquelle ils commencent un peu à revenir de ces anciens préjugés, que leur Législateur avoit eu de bonnes raisons pour leur inspirer.

De là ce droit des gens, qui adoucit les horreurs & les malheurs de la guerre, qui fait que les

vaincus ne font plus des efclaves,
que le vainqueur épargne même
leurs vies, leurs libertés, leurs
Loix, leurs biéns, & jufqu'à leur
Religion quelle qu'elle foit, contre laquelle la Loi des Chrétiens
interdit l'ufage du glaive.

L'on ne peut donc trop s'éton-
ner de cet autre paradoxe de M.
Baifle, raporté encore par notre
Auteur, lorfqu'il avance *que de véritables Chrétiens ne formeroient pas
un Etat qui pût fubfifter* ; & il me
femble que M. de Montefquieu
s'explique fur cela beaucoup trop
foiblement, & par conféquent,
dangereufement, quand il dit *pourquoi non ?*

Des citoyens extrémement éclai-
rés fur leurs devoirs, raportant tout
à Dieu, à qui il feroit impie & à qui
il n'eft pas permis de rien raporter
de mauvais, animés d'un amour
& d'une charité réciproques entre

eux, occupés sans cesse de vûes de justice & d'équité ; vertueux par principes de fidélité à la Religion, peuvent-ils former un établissement qui ne porte pas les caractéres de la solidité ? Le Peuple Juif a cessé en trahissant sa Loi. L'Empire Grec auroit-il été subjugé si, par son avarice & sa dissolution, il ne s'étoit pas écarté de la pureté du Christianisme, qui, en nous conduisant à une meilleure vie, a eu en vûe d'opérer le bonheur de celle-ci, qui, parlant également au cœur & à l'esprit, a mêlé si divinement le précepte & le conseil ? Ecartons d'aussi odieuses idées que celle de Baisle ; ce seroit les honorer trop, que de les combattre plus long-temps.

L. xxiv. C. 5. Je ne suivrai point M. de Montesquieu dans son systême, que la Religion Catholique convient mieux à une Monarchie, & que

la

la Proteſtante s'accommode mieux d'une République. La vérité peut convenir par tout. L'erreur n'eſt utile ni néceſſaire nulle part.

Dieu a permis qu'il arrivât ſcandale en Iſrael. Ainſi ſe ſont élevés Luther & Calvin. Quand Luther projetta ſa Secte, il n'eut ſûrement aucun pays en vûe. Mécontent de la dépendance, il ne fut occupé que des moyens d'en ſortir. Il lui falloit préſenter un objet d'attrait, pour eſperer d'avoir des ſectateurs; il n'en pouvoit avoir de plus ſûr que la liberté qu'il offroit aux Princes, de joindre à l'autorité temporelle quelque portion de l'autorité Eccléſiaſtique, & le droit de s'emparer des biens Eccléſiaſtiques. C'eſt ainſi qu'il ſervit ſa vengeance perſonnelle. Il ſe trouvoit dans des circonſtances publiques, où un nom particulier & nouveau convenoit à la ſituation politique.

Y

Il n'eut pas de peine à séduire, &
la communauté d'intérêts politiques fit celle de croyance. Ainsi
s'étendit successivement la Secte
de Luther. Il ne se porta pas du
côté du Midi, qui ne lui auroit pas
fourni les mêmes ressources & les
mêmes divisions, propres à favori-
ser ses vûes humaines.

Calvin partit d'un autre principe, & d'un mécontentement
d'intérêt particulier ; & agissant
dans des vûes différentes, il ne
craignit pas, quoi qu'en dise notre
Auteur, la constitution Monarchique, comme un obstacle à l'é-
tablissement de sa Secte. Les progrès qu'il fit en France démentent
les principes du raisonnement de
M. de Montesquieu.

Sans les coups d'autorité que
l'Espagne tenta dans les pays-bas,
on n'y auroit pas songé peut-être
à élever contr'elle un Autel reli-

gieux. Les sept Provinces Unies auroient également trouvé les moyens de se désunir & de se separer. L'intérêt d'une nouvelle Religion n'étoit pas un moyen nécessaire ; elle fut regardée comme une ligne encore plus forte de separation d'avec l'Espagne.

Ne cherchons point ailleurs la raison des succès qu'eurent ces deux novateurs. Si l'Europe, en ces temps malheureux, avoit été tranquile, peut-être n'eût-on jamais entendu parler de ces deux hommes. Les hommes font par tout les mêmes, & les choses propres à flatter leurs passions prennent immanquablement sur eux, pour peu que quelqu'intérêt particulier y concoure.

Pour qu'une Religion que Dieu n'a point donnée, c'est-à-dire, pour qu'une fausse Religion puisse avoir quelque bon effet civil, son cara-

L. xxiv.
C 8. 10.

Y ij

ctére essentiel doit être un accord parfait avec les Loix de la morale, parce que dans l'ordre de la société, c'est le seul garant que les hommes puissent avoir de la probité des hommes. Nous connoissons par plusieurs écrits quelle étoit la morale Payenne.

Chez les Romains, les Offices de Cicéron contiennent tout ce qu'il faut, pour former le parfaitement honnête homme, & l'excellent citoyen. Tous les Ecrivains de quelque genre que ce soit, ont expliqué ce qui est juste, équitable, bien séant. Il n'y manquoit que le rapport à celui seul qui, par le don de ses graces, peut rendre les vertus solides, & exemptes du faux appui du respect humain. Il y a encore aujourd'hui des Peuples Idolâtres, dont les principaux points de Religion sont de ne point tuer, de ne point voler, d'éviter

l'impudicité, de ne faire au pro-
chain aucun mal, & de lui faire
au contraire tout le bien que l'on
peut. Ils croient qu'avec cela on
fe fauvera, en quelque Religion
que ce foit.

Les diverfes Sectes des Philofo-
phes anciens étoient des efpéces
de Religion. Celle des Stoïciens
fut conftamment la plus pure, la
plus digne de l'homme, la plus propre à former des gens de bien. Le
mépris des richeffes, des grandeurs
humaines, de la douleur, des cha-
grins, des plaifirs, étoit le fonde-
ment des préceptes de Zénon; elle
raportoit tout au bonheur de la
Philofophie en elle - même ; elle
ne vouloit qu'elle pour faire des
heureux. Cette morale péchoit
donc effentiellement en ce qu'elle
raportoit tout à l'homme; mais qui
ne fent que ce mépris de tant de
faux biens conduifoit néceffaire-

ment à proscrire tous les vices par lesquels on travaille à les acquerir? Zénon avoit donc pris un bon chemin pour rendre les hommes vertueux. Aussi tous les grands hommes de l'antiquité que l'Histoire nous peint avec avantage, étoient-ils ses sectateurs. J'alloue à M. de Montesquieu sa prédilection pour les Antonins ; je n'y joindrai point, commme lui, Julien. Le Christianisme s'éleve contre lui, mais il ne fut pas même constamment un fidéle Stoïcien.

L. XXIV. Les Religions, telles que le
C. II, 12. Mahometisme, ne sont pas conformes au bon ordre, qui ont trop donné à la vie contemplative, parce qu'elle détourne beaucoup des devoirs de la société, ou qui ont ordonné des pénitences jointes avec l'idée de l'oisiveté, & non avec celle du travail, avec l'idéc de l'extraordinaire, & non avec

celle du bien. Les idées du merveilleux ont presque toujours conduit ces chefs de Secte, parce qu'ils les ont regardés comme des moyens sûrs de séduire les hommes. La raison & le bon sens les rappelle tôt ou tard au vrai. Les Turcs d'aujourd'hui, comme nous l'avons déja observé, ne ressemblent plus aux successeurs immédiats de Mahomet. La Providence les prépare peut-être à reconnoître toutes les erreurs de leur faux Prophéte.

De ce que, comme nous l'avons dit précédemment, la Religion doit être en accord parfait avec les Loix de la morale, il suit nécessairement que la Religion & les Loix civiles devant tendre principalement à rendre les hommes bons citoyens, lorsqu'une des deux s'écartera de ce but, l'autre y doit tendre davantage. Si la Religion

L. xxiv.
C. 14. 15.

est peu réprimante , il faudra q
les Loix le soient davantage. C'e
ainsi qu'au Japon , où la Religi
n'a presque point de Dogmes , l
Loix y ont été faites très-sévére;
& s'exécutent très-litteralemen

Cette sévérité des Loix do
avoir lieu également lorsque la R
ligion établit le Dogme de la né
cessité des actions humaines. C
Dogme de la prédestination Ma
hometane conduit à la paresse d
l'ame ; ensorte qu'il faut que le
Loix excitent les hommes endor
mis par la Religion.

Toute Religion qui justifieroit
pour une chose d'accident , perdroit aussi son plus grand ressort ,
pour conduire & pour contenir les
hommes. Tels les Indiens , qui
attribuent aux eaux du Gange une
vertu sanctifiante absolue : une
assûrance de récompense, qui n'est
pas jointe à une crainte égale de
peine ,

eine, doit rendre les Loix civiles fans force. Les hommes devront néceffairement échaper au Légiflateur , dès que par la Religion ils compteront fur un pardon affûré. C'eft le chemin que prend le fanatifme , & il réuffira dès que l'homme fe croira fûr que la plus grande peine que le Magiftrat pourra lui infliger , fera pour lui le commencement d'un état de bonheur.

C'eft cette morale qui a fait les fcélerats, & qui a conduit au crime fans remord.

La Loi civile a auffi quelquefois corrigé les fauffes Religions , & fauvé les mœurs qu'elles avoient mis en danger. Le temps du Paganifme en fournit plufieurs exemples. Ariftote, dans fa Politique , veut que les peres aillent célébrer les Myfteres , où leurs femmes & leurs enfans pourroient courir

Z

quelque risque pour les mœurs.

Suetonne rapporte, qu'Auguste défendit aux jeunes gens de l'un & l'autre sexe, d'assister à aucune cérémonie nocturne, sans être accompagnés par un parent plus âgé, & que quand il rétablit les Fêtes Lupercales, il ne voulut pas que les jeunes gens courussent nuds.

C'étoit, à la vérité, un sentiment de mœurs, mais il laissoit subsister le principe.

L. XXIV.
C. 16. 17.
18. Les Religions humaines ont pourvû à bien des points intéressans pour soutenir l'Etat politique.

Par la Religion, les Eléens chez les Grecs jouissoient d'une paix éternelle. Au Japon, la Ville de Meaco est une Ville sainte. Les Tribus Arabes cessent pendant quatre mois chaque année, toute hostilité quelconque entr'elles : chez eux il étoit défendu de pour-

suivre un malfaiteur, quand il avoit
une fois donné satisfaction. Parmi
les anciens Germains, les haînes
n'étoient point éternelles ; l'homi-
cide s'expioit en donnant une certaine quantité de bétail. Chez les
premiers Grecs, le meurtre étoit en
horreur.

C'est ainsi que les Religions pro-
curoient la tranquilité intérieure,
& prévenoient les divisions particulieres propres à entraîner la perte
des Etats. C'est ainsi qu'elles pro-
curoient les moyens de vaquer aux
choses nécessaires à la vie & à la
subsistance. On voit par tout là
des efforts de la sagesse humaine ;
mais qu'est ce que cette sagesse,
si elle n'est éclairée par la vraie
lumiere? Elle manquoit aux Législateurs; aussi les voyons-nous tous,
différens dans leurs moyens, sinon
dans leurs vûes, & rester toujours
loin de leur but & de leur objet.

Les idées de M. de Montesquieu me paroissent commencer
ici à se confondre, & à n'être pas
assez distinctes ni assez dévelopées.
Il est trop concis dans chaque Chapitre pour être assez exact, & en
cette matiere-ci il n'est pas permis
de ne l'être pas.

C'est moins, dit-il, *la vérité ou la
fausseté d'un Dogme, qui le rend utile
ou pernicieux aux hommes dans l'état
civil, que l'usage ou l'abus que l'on
en fait.*

Cette proposition ne présente
pas un point de lumiere juste, mais
on la peut rétablir. Pour cet effet,
distinguons toujours les fausses Religions, d'avec la Religion Chrétienne.

Ce qui, dans les premieres, a
l'apparence, & pourroit porter le
nom de Dogme, je ne le regarde
que comme des Loix politiques,
ou comme une chose qui n'a eu

pour objet que la police des pays
pour lesquels elles ont été faites ;
ainsi il est bien certain que si ces
Loix étoient bien dirigées vers
leur objet, il n'y auroit plus qu'à
en maintenir l'exécution.

Ce que nous nommons Dogme
dans la Religion Chrétienne , est
bien d'un autre caractére. Il y a des
objets de croyance aveugle , par
lesquels Dieu soumet notre raison,
assujettit notre cœur & notre esprit , & met un frein à notre orgueil ; mais ces mêmes Dogmes
pris en eux-mêmes , n'ont en vûe
aucuns effets civils , ils n'y ont
aucun rapport, & n'y peuvent par
conséquent avoir aucune influence. Il n'y a aucun abus possible à
en faire dans l'ordre civil ; le seul
usage à en faire est de les adopter,
comme un sacrifice de notre orgueil & de notre insuffisance.

Mais la Loi Chrétienne a joint

au Dogme des préceptes & des
conseils dont l'observation, méri-
toire aux yeux de Dieu , quand
nous lui raportons nos actions,
assûre notre bonheur particulier,
& fait celui de chaque société &
de toutes les sociétés entr'elles.
Voilà la partie de notre Religion
qui peut avoir trait aux effets civils.

M. de Montesquieu avoit bien
raison dans son Chapitre XIII. en
disant *que notre Religion ne nous tient
point attachés par quelques chaînes ;*
c'est ce que faisoient les Religions
humaines, qui toutes en ont forgé
de différentes espéces, *mais par un
nombre innombrable de fils.* L'homme Chrétien est assujetti par la foi,
il est contenu par des craintes , &
excité par des esperances éternelles. Il est à la fois par sa seule fidélité au précepte & au conseil , bon
fils , bon pere , bon mari , bon
citoyen.

Il n'eft donc pas permis ni poffible de comparer Dogme à Dogme, ils font de nature trop différente.

Ainfi que M. de Montefquieu,
j'y en vois pourtant un affez conforme en apparence, c'eft celui de
l'immortalité de l'ame ; il eft pour
nous un objet de foi. Qu'a t-il été
pour les fauffes Religions ? Un
moyen de bonne police.

Ni nous ni les faux Légiflateurs
de Religion, nous ne l'avons point
compris. Ils ont bien fenti que
ce qui agiffoit en nous, ce qui
nous mouvoit, n'étoit point une
effence corporelle, & que par conféquent elle n'étoit poit périffable.
Dénués de la connoiffance du
vrai Dieu, ils devoient être néccf-
fairement fort embarraffés fur l'o-
rigine, & le lieu de retour & de
féjour éternel de l'ame. Ils avoient
eu quelque connoiffance de la Re-

ligion & de la croyance du Peuple
de Dieu. Ils n'ont pas été capables fur ce point d'en faifir la fpi-
ritualité. Ils ont cherché quelque
demeure pour l'ame après la diffo-
lution des corps. Les uns ont imaginé le féjour du Tartare & des
Champs Elifées. L'un, un endroit
de fouffrance; l'autre, un féjour
fimplement tranquile. Et comme
certainement ils avoient en vue
de rendre les hommes bons; ils
ont appliqué cet objet à leur fyftême, en annonçant l'un aux bons,
l'autre aux méchans.

D'autres ont imaginé la métem-
pficofe, mais non pas fur les principes qui font venus à l'efprit de
M. de Montefquieu. Il y avoit des
animaux qu'ils craignoient ou
qu'ils avoient en horreur; ils y ont
deftiné les ames des méchans. Il
y en avoit qu'ils aimoient & qu'ils
refpectoient, ils y ont deftiné les

ames des bons. Ainſi par différens chemins , ces Légiſlateurs ont voulu aller au même but.

J'irai donc plus loin ; c'eſt qu'en partant de ce point , je n'appellerai point encore *Dogme* ce que, par une imitation corrompue, ces Légiſlateurs ont enſeigné. Le bon ſens ne leur permettoit pas de croire que l'ame pût périr, comme toute la matiere qu'ils avoient ſous leurs yeux. Ils n'ont ſongé dans tout ce qu'ils ont enſeigné, qu'à en faire une Loi de police, dans la ſeule vûe de l'homme & de ſon bonheur dans cette vie. Ils l'ont propoſé comme une conſolation à ceux que la cruauté ſacrifioit, ou que les adverſités preſſoient.

Si de là ſont nés , entre autres, le Suicide ſi commun chez les Romains, & tant d'autres pratiques monſtrueuſes du Paganiſme ou de l'Idolatrie , ce n'eſt point propre-

ment un abus ; c'eſt parce qu'on
n'a eu que l'homme en vûe , & ce
qui pouvoit lui convenir, ſans aucune connoiſſance du vrai Dieu
auquel tout doit être raporté. Le
ſeul Platon a eu ſur cette matiere
des vûes plus pures & plus ſubli-
mes ; mais la différence des dégrés
n'eſt plus rien, dès qu'on eſt écarté
du point précis de la vérité.

Si ces faux Légiſlateurs avoient
ſû que notre vie eſt un bien qui
nous a été confié , & qui ne nous
appartient pourtant point, ils auroient, comme la Religion Chrétienne, proſcrit le Suicide & toutes les autres pratiques qui ne font
que des homicides ; mais il n'y
avoit que l'auteur de toute perfection, qui pût nous donner une Loi
parfaite digne de lui & utile à tous
nos beſoins.

Il ne ſera donc point vrai de dire,
même humainement parlant, que

c'eft le climat qui a prefcrit des
bornes à la Religion Chrétienne
& à la Religion Mahometane.
L'auteur de la nature a embraffé
& a eu en vûe tous les hommes.
Mahomet ne s'eft propofé que
l'empire qu'il vouloit fonder. La
Loi de Mahomet, je le conçois,
ne conviendroit pas aux climats
du Nord, mais il feroit déraifon-
nable & impie de penfer que la
Religion Chrétienne eût quelque
difconvenance effentielle avec les
pays chauds, elle y pourroit feulement exiger de plus grands facrifices; elle a fleuri dans l'Egypte
& dans une partie de l'Afie, avec
plus d'éclat qu'on ne peut fe l'imaginer. Eft-ce donc le climat, eft-
ce la conftitution d'Etat, qui ont
revendiqué leurs prétendus droits,
& chaffé le Chriftianifme ?

En fe renfermant dans les fauffes
Religions, je crois la propofition

de M. de Montesquieu vraie, sur
l'inconvénient & la difficulté du
transport d'une Religion d'un pays
dans un autre, parce qu'il les faut
dans ce cas mettre au rang des
Loix civiles, qui, ainsi que nous
l'avons observé dans notre premier
Paragraphe, peuvent difficilement
être adaptées d'un pays à l'autre.
On se moqueroit dans le Nord
d'un Légiflateur religieux qui y
voudroit introduire les vêtemens
& la façon de vivre des pays
chauds.

Je ne puis, avant de finir ce Paragraphe, me refuser encore à quelques réflexions sur ce que dit M.
de Montesquieu par rapport aux
Fêtes. Sa propofition générale n'est
certainement pas admiſſible, *que
quand la Religion ordonne la ceſſation
du travail, elle doit avoir égard au
beſoin des hommes plus qu'à la grandeur de l'Eſtre qu'elle honore.*

Il cite à cette occalion, la pernicieufe multiplicité des jours de
Fêtes chez les Athéniens. Je ne
trouverai point de difficulté à y
appliquer fa maxime générale.

Il'obferve que quand Conftan-
tin ordonna qu'on honoreroit le
Dimanche, ce fut pour les Villes,
& non pour les Peuples de la campagne, que cette ordonnance fut
faite ; c'eft là où M. de Montefquieu a certainement befoin de
s'expliquer.

Il auroit pû nous tracer à cette
occafion un crayon des différens
âges de l'Eglife.

Les premiers Chrétiens, cachés
& renfermés en petit nombre au
temps des perfécutions, étoient,
pour ainfi dire, un Peuple de
priere & de contemplation. Tous
leurs jours, tous leurs momens
étoient, en quelque façon, des
féries.

A mesure qu'ils se sont multipliés, il n'a pas été dans l'esprit de l'Eglise , que les exercices du Christianisme empêchassent de vaquer aux soins & aux occupations nécessaires. J. C. s'étoit expliqué clairement sur ce point avec les Pharisiens, à l'occasion de la solemnité du Sabat; mais elle a été bien éloignée de vouloir supprimer les choses d'observance, qui pouvoient rapeller l'homme à Dieu par la priere & par l'interruption des œuvres serviles.

Toujours uniforme dans ses principes (car c'est son essence) & conduite par le même esprit, elle s'est successivement prêtée aux besoins des fidéles, & le nombre des Fêtes a été diminué. La solemnité même du Dimanche, qui nous rapelle le repos de Dieu après les sept jours de la création, n'a pas empêché qu'après les de-

voirs de cette solemnité remplis,
les Peuples ne fussent, en certaines saisons, autorisés à vaquer aux
occupations de la campagne.

Mais l'esprit de l'Eglise ne se
portera jamais à adopter la suppression licentieuse & sans autorité,
dont Luther & Calvin ont fait
partie de leur système. Rien ne
seroit plus propre à conduire à la
tiedeur & à l'oubli des choses sain-
tes; & lorsque M. de Montesquieu paroît approuver ce qui
pourroit être plus accommodé aux
besoins des Peuples, il n'a pas paru
mettre assez dans la balance tous
les inconvéniens qui pourroient
résulter d'une trop grande indul-
gence en ce point; l'Estre digne
de toute notre adoration, & qui
seul mérite d'être honoré, fait bien
dédommager, même en ce monde,
de tout ce que peut coûter, en
apparence, l'assiduité du culte qui
lui est dû,

Je le répéte, je ne penſe point m'être éloigné dans tout ce Paragraphe-ci de l'eſprit même de M. de Monteſquieu ; je penſe que c'eſt ainſi qu'il voudroit être lû & entendu, s'il étoit encore à portée de rendre compte de ſes ſentimens.

Nous allons avoir encore occaſion dans le Paragraphe ſuivant, de l'expliquer ſur beaucoup de points de culte extérieur, ſur leſquels on l'a accuſé de trop de liberté. Cette partie, après tout, a beaucoup de choſes d'opinion, qui n'emportent pas le même reſpect que ce qui a fait la matiere de ce Paragraphe-ci. Il faut au moins convenir que le courage ne lui a pas manqué, pour attaquer des abus, & pour combattre des préjugés populaires.

PARAGRAPHE

PARAGRAPHE XV.

Du rapport des Loix avec l'établiſ-
ſement , & le culte extérieur
des Religions.

NOus ſommes communément   L. xxv.
élevés dans la Religion de C. 3, 2.
nos Peres; avant même que notre
raiſon puiſſe agir , on aſſujettit notre mémoire à ſe charger de points
d'inſtruction , que nous ne com-
prenons pas , & nous contractons
un genre de familiarité & d'habi-
tude de penſer , comme on veut
que nous penſions.

A meſure que la raiſon ſe dévelope avec les années , l'inſtruction
devient plus raiſonnée , & l'on y
joint des pratiques , & des exemples conformes à l'inſtruction , qui
achevent de nous fixer dans la Re-

ligion de nos Peres , que nous
continuons ordinairement à pro-
feſſer, ſans y beaucoup refléchir,
& parce que nos Peres l'ont pro-
feſſée, & la profeſlent devant nous
& avec nous.

L'homme Pieux aime ſa Religion ; l'Athée craint toute Religion. La raiſon en eſt ſimple ; la
Religion fait la tranquilité & le
bonheur intérieur de l'homme
pieux. C'eſt encore une aſſûrance
de ſa fidélité à ſes devoirs, parce
que l'homme en général eſt affec-
tionné à ce qui opere ſa ſatisfac-
tion. L'idée de toute Religion
tourmente l'Athée , parce qu'il
trouve partout ſa condamnation,
& malheureuſement pour lui, il
ne fait pas un pas qui ne lui rappelle , malgré ſa détermination à
douter, la certitude d'un Eſtre ſu-
périeur. Le principe de cette détermination à douter, n'eſt jamais

que l'intérêt des paſſions & des foibleſſes de l'homme ; l'on craint l'idée d'un Juge, toutes les fois qu'on ne le peut connoître que par ſa juſtice.

Le Chrétien éclairé craint la juſtice, & eſpére dans la miſéricorde.

C'eſt de la façon de penſer & de ſentir des hommes, qu'il faut partir pour juger des motifs d'attachement plus ou moins grands, que les diverſes Religions du monde, peuvent donner à ceux qui les profeſſent.

Les grands Hommes du Paganiſme, étoient-ils attachés à leur Religion, nous ne le pouvons pas croire, à en juger par ce qui nous reſte de leurs écrits. La pluralité des Dieux bleſſoit leur bon ſens. Ils n'en connoiſſoient aucun aſſez fort, pour avoir pu créer tout ce qui étoit ſans ceſſe ſous leurs yeux,

& pour en conferver l'harmonie.
Lucien nous fait affez voir dans
tous fes Dialogues, combien il
trouvoit ridicule tout ce fyftême
de Religion. Ainfi nous ne faifons
point de tort à ces grands Hommes,
lorfque nous regardons l'Idolatrie
comme la Religion des Peuples
groffiers, ce n'étoit pas la leur. Ils
reffembloient affez à quelqu'un
qui fe fentant malade, n'a pas le
bonheur de fçavoir ce qui le pourroit guérir. Ce n'étoit la Religion
que d'un même Peuple, que la
politique demandoit qui fût en-
tretenu dans un culte, quelque
ridicule qu'il fût. Un grand Seigneur chez les Romains, quelquefois le corps de la Magiftrature
créoit un Dieu, & lui établiffoit
un culte. Dans le nombre qu'il y
en avoit déja, quelqu'un de plus
n'importoit pas, & loin de déran-
ger rien au fyftême religieux, il

formoit un lien de plus pour régir
& contenir la multitude. Toutes
les fois qu'il n'y a pas de principe général de Religion, il faut
qu'il y ait une Religion de détail,
c'est précisément ce qu'étoit celle
des Payens.

Quoique nous ayons peine à
nous familiariser avec les idées
spirituelles, nous sommes cependant naturellement attachés à une
Religion, qui nous fait adorer un
Estre spirituel ; nous sommes flat-
tés d'être soumis à quelque chose
de grand & même supérieur à notre intelligence ; & mettant à part
tout ce qui peut tenir aux dons de
la grace, cela est dans l'humanité ;
d'ailleurs, comme nous le dirons
plus amplement, on en espére d'a-
vantage, & que peut-on en effet
espérer de très-grand, d'un pouvoir, qu'on a soi-même formé &
établi.

Si à l'idée d'un Être spirituel suprême, qui forme le dogme, se joignent les idées sensibles qui entrent dans le culte, l'attachement est plus grand pour une telle Religion. Telle sera la Religion chargée de beaucoup de pratiques, parce qu'on tient plus aux choses dont on est continuellement occupé. Tout ce qui rapporte sans cesse à un objet est plus puissant, & c'est l'effet d'un culte fort multiplié & des pratiques fort répétées.

Mahomet, qui avoit pris beaucoup de choses des Juifs, l'avoit sans doute bien senti, quand il assujettissoit ses Sectateurs à beaucoup de pratiques religieuses.

Les Peuples Barbares & Sauvages, sans cesse occupés de la chasse ou de la guerre, n'en connoissent guéres, c'est ce qui les rend plus faciles & plus portés à changer de Religion. Les Catholiques en général font aussi plus invinciblement attachés à leur Religion, que les Protestans ne le font à la leur. Contre un Catholique qui se fera Protestant, dix Protestans se feront Catholiques.

L'attachement augmente encore, quand une Religion intellectuelle nous donne l'idée d'un choix fait par la Divinité, & d'une distinction de ceux qui la professent, d'avec ceux qui ne la professent point. Souvenons nous, combien le Peuple de Dieu se glorifioit d'avoir été choisi, & combien il méprisoit les autres nations. Dans ce même Peuple, la Tribu choisie pour le service du Temple se glorifioit plus particulierement de son élection.

Comme les hommes font portés à espérer & à craindre, il faut pour qu'une Religion les attache, qu'elle leur présente des craintes

& des espérances. Des craintes
sans des espérances porteroient au
désespoir; des espérances sans des
craintes porteroient à la licence
& au relâchement. Il faut donc
aux hommes une balance de bien
& de mal; tous les Légiflateurs
religieux l'on également senti, &
chacun, à sa façon, a agi sur le
même principe.

— Il faut aussi pour qu'une Religion attache, qu'elle ait une morale pure. Dans le sein du Paga-
nisme même, nous voyons une
morale épurée, & l'on pourroit
presque penser que ce n'étoit que
le bas Peuple où les Libertins,
qui participoient à ces pratiques
de prostitution & de licence des
Temples de Vénus, ou des Fêtes
Lupercales, dont l'idée seule bles-
se & révolte la pudeur.

Lorsque le culte extérieur a une
grande magnificence, il contribue
aussi

auffi à nous donner beaucoup d'attachement pour la Religion.

M. de Montefquieu met en
égalité à cette occafion la richeffe
des Temples & celle du Clergé,
mais il me femble, que ce font
deux objets qu'il faut diftinguer,
parce que bien certainement, ils
ne peuvent & ne doivent pas produire les mêmes fenfations dans
notre efprit.

L'idée de bâtir des Temples L. xxv.
n'a pas pû venir aux Peuples er- C. 3.
rans, qui n'avoient point d'habi-
tations eux-mêmes. Les Tartares
ne les connoiffoient point. Quand
les Peuples ont eû des domiciles,
il a été naturel, qu'ils fongeaffent
à en donner un, à ce qu'ils ado-
roient, pour s'y affembler, & pour
aller chercher leurs Divinités dans
leurs craintes ou dans leurs efpé-
rances. Cela étoit plus décent
felon leurs idées naturelles, que

d'avoir chacun leurs Divinités chez eux.

En effet, comme ledit M. de Monteſquieu, rien n'eſt plus conſolant pour les hommes, qu'un lieu où ils trouvent la Divinité plus préſente, & où tous enſemble, ils font parler leurs miſeres & leurs foibleſſes.

Bien-tôt on abuſa de ces établiſſemens, en en faiſant des aſiles. Tacite nous apprend dans ſes annales, que les Temples de la Grece étoient remplis de Débiteurs inſolvables, & d'Eſclaves méchans, & que les Magiſtrats avoient bien de la peine à exercer la police; enſorte que par une abſurdité irreligieuſe, ils rendoient les Dieux protecteurs des crimes, que leurs Loix condamnoient. On a de la peine à concevoir, comment cet abus à pû ſe perpétuer aſſez conſtament do

fiécle en fiécle, pour que fa fuppreffion prefque totale ait été un
ouvrage de nos jours.

Il étoit naturel, que les hommes attachant d'auffi hautes idées
à la conftruction de leurs Temples, les vouluffent décoter de
tout ce, dont ils pouvoient avoir
les idées les plus magnifiques.
L'un étoit une conféquence de
l'autre.

Dans une Religion intellectuelle, les lieux deftinés à honorer l'Eftre fuprême, ne peuvent
jamais être trop décorés. La magnificence du Temple de Salomon fut portée à un point que
l'imagination à peine encore à
concevoir. Auparavant , nous
voyons dans l'établiffement & le
fervice de l'Arche d'Alliance, une
richeffe & une magnificence admirable de culte extérieur. Il falloit encore à ce Peuple des clo-

ses sensibles, & il falloit le frap-
per par ce qu'il pouvoit y avoir
de plus éclatant.

Avec le Christianisme, les Temples se sont multipliés, mais dans
les temps d'ignorance, n'a-t-on
été occupé que de la pensée qu'on
honoroit Dieu, & qu'on lui rendoit hommage par la multiplication des Temples? Peut être beaucoup sont ils dûs à une crédulité
trop légere sur ce qu'ils pouvoient
être une expiation suffisante pour
les péchés *.

Quoiqu'il en soit, il sera vrai
de dire, que comme souvent l'esprit s'éleve, & que le cœur s'af-
fermit par les choses sensibles,
cette magnificence des Temples
à dû être un moyen d'attacher à
la Religion, mais il seroit à sou-
haiter, que la véritable décora-
tion des Temples s'y fût conser-
vée, c'est-à-dire, la décence dans

* Voyez
ce que nous
avons dit
sur les Eaux
du Gange.

la façon d'y affifter. La licence
extérieure s'eft gliffée jufqu'en ces
Sanctuaires; & tandis que l'or &
le marbre reluifent dans la Maifon
de Dieu, elle eft traitée fouvent
avec moins de refpect, que celle
d'un particulier, où l'intérêt affûre
la décence & régle le maintien.

Tandis que les hommes, ainfi
que le dit Porphire, ne facrifioient
que de l'herbe, ils n'avoient point
befoin de Temples, ils n'avoient
point befoin non plus de Sacrifi-
cateurs. Chacun pouvoit être lui-
même Pontife.

L. xxv.
C. 4.

Le defir de plaire à fa Divinité
ayant multiplié les cérémonies,
chacun n'eût plus le temps d'y
vacquer.

On confacra aux Dieux des lieux
particuliers, il en fallut confier le
foin & l'entretien à des Miniftres;
ainfi vit-on les Empereurs Payens,
chaque fois qu'ils confacroient

des Temples, établir des Collé-
ges de Prêtres.

Les gens consacrés à un culte
religieux étoient nécessairement
destinés à être l'objet d'un respect
particulier & plus grand ; & de ce
respect a dû naître dans toutes les
Religions l'idée d'en faire un corps
particulier. Chez les Egiptiens,
les Juifs, & les Perses, on consa-
cra à la Divinité certaines familles, qui se perpétuoient dans ce
service ; les Romains établirent
des Vestales, qui formoient une
espéce de société isolée, fondée
sur la pureté du célibat, & sur les
châtimens les plus séveres en cas
de prévarication. Il sembloit,
qu'on ne pût trop les éloigner des
affaires, & leur ôter les embarras
d'une famille.

Cet objet de pureté & de sé-
paration des embarras du monde
a été depuis sanctifié par la Loi

des Chrétiens, mais dans les pays
où la Loi du célibat s'eſt main-
tenue, le gouvernement politique
s'eſt occupé à empêcher qu'il ne
pût produire aucun inconvénient
dans l'ordre civil; les Proteſtans
l'ont ſupprimé tout a fait, mais ils
témoignent contre leurs propres
œuvres, par l'eſpéce de reſpeƈt
plus grand, qu'ils portent eux-mêmes à ceux qui ne font point uſage
de la liberté rendue en ce point.
Ont-ils raiſon de dire, ou de croire, que la Loi eſt moins efficace,
que ce qui s'opére par un aƈte de
volonté libre? C'eſt toute la reſ-
fource qu'ils peuvent avoir dans
ce genre de novation faite ſans
concours d'une autorité légitime.

Nous avons déja dit, qu'il fal- **L. xxv.**
loit ſur les richeſſes du Clergé rai- **C. 5. 6.**
fonner différemment, de ce qu'on
devoit faire ſur celle des Temples.

Bb iiij

Les Loix n'ont pas besoin d'agir sur les unes ; la Religion est peut être intéressée elle-même, a ce qu'elles agissent sur les autres, puisque le Clergé est pris & subsiste dans le corps de l'Etat même.

Les biens dans le Clergé ou dans les familles particulieres, doivent être considérés sous deux points de vûe tout différens quant aux effets civils.

Comme les familles particulieres peuvent périr, les biens n'y sont point incessibles, & n'y ont point une destination perpétuelle.

Le Clergé au contraire formant une espéce de famille qui ne périt point, les biens qui y sont une fois attachés n'en peuvent plus sortir.

Les familles particulieres s'augmentent nécessairement, ainsi il n'y a rien de contraire au bon ordre, à ce que leurs biens puis-

sent aussi s'accroitre, & ils s'y peuvent effectivement accroitre sans
inconvénient.

Lorsque parmi le Peuple de
Dieu les Lévites furent établis, les
dispositions du Lévitique statue-
rent sur les bornes de leurs biens.

Tous les Etats politiques, sa-
gement administrés en ont craint
les augmentations illimitées ; mais
comme souvent les Loix civiles
peuvent trouver des obstacles à
changer des abus établis, quand
ils sont liés à des choses qu'elles
doivent respecter, ces mêmes gouvernemens ont cherché des moyens
indirects, sans attaquer le fond du
droit.

C'est ce qui en plusieurs pays
a donné naissance au droit d'Amor-
tissement, mais si l'objet de l'établissement de ce droit, sur les biens
qui sortoient de la société, étoit
de dégoûter le Clergé d'acquérir,

a-t-on porté ce droit affez haut pour que l'objet de la Loi fut furement rempli?

Vraifemblablement c'eft pour y fupplées, que l'on a été jufqu'à défendre directement aux Communautés toute acquifition, fe fondant fans doute fur ce principe, que fi l'ancien & néceffaire domaine du Clergé devoit être fixe & éternel comme lui, ce n'étoit pas une raifon pour lui en laiffer acquérir de nouveaux, & que la nature des biens du Clergé aujourd'hui étant d'une toute autre efpéce, que celui des Lévites dans l'Ancien Teftament, il y falloit procéder par des Loix différentes.

Je fuis bien éloigné de vouloir adopter la mauvaife humeur des propos généraux fur l'abus des richeffes du Clergé, fur ce qu'il le faudroit réduire à l'ancienne pauvreté de la primitive Eglife, & fur

le prétendu mauvais ufage qui fe
fait des biens d'Eglife. Peut-être
nos peres n'ont-ils pas affez me-
furé leurs bienfaits; peut-être y
en a t-il eu qui ont facrifié ce
qu'ils devoient à leur famille, à
un zéle de Religion mal entendu
ou mal confeillé. Peut-être auffi y
a-t-il des Eccléfiaftiques, qui ne
font pas de leurs biens un ufage
conforme à l'efprit de leur état, ni
aux intentions des Fondateurs.
Tout cela encore une fois peut-
être vrai, mais ne doit être qu'ac-
cefloire, quand il s'agit de raifon-
ner fur la thèfe générale.

Il faut conftamment aujour-
d'hui un Clergé plus nombreux,
& plus riche qu'il ne le falloit
dans les premiers fiécles de l'E-
glife. Il eft à portée de faire beaucoup de bien ; malheur à ceux qui
font de leurs revenus un mauvais
ufage, mais toutes chofes ont des
bornes.

Il ne faut pas, qu'un corps particulier devienne dans la proportion, plus riche que le corps général dont il fait partie.

Il ne faut point, qu'il abſorbe
les fortunes des particuliers, ni
qu'aupréjudice des familles, il
puiſſe abuſer de la foibleſſe des
mourans, ſous le prétexte de l'expiation d'une mauvaiſe vie, ce
ſeroit l'abus des Eaux du Gange.

Tout ce qui contiendra les
hommes dans ces principes là,
pourra être regardé comme un ſer-
vice rendu à la Religion même.

C'eſt avec raiſon, que M. de
Monteſquieu ne veut point, que
les Monaſteres puiſſent, ſous quelque forme d'acquiſition que ce
ſoit, devenir les héritiers de ceux
qui n'ont point de famille, ou de
ceux qui n'en veulent point avoir.

Il auroit pû examiner ſi dans
l'ordre civil & politique, les Mo-

nasteres sont un bien ou un mal,
car, de cet examen, il résulteroit
des conséquences certaines, sur la
matiere que nous traitons ici.

Je ne les considere point du
côté de la piété de leur fondation.
Tout établissement, qui a pour
objet la priere, le recueillement,
& la pratique épurée des vertus de
l'Evangile, est constamment res-
pectable. Nous les considererons
uniquement relativement à l'Etat;
& partant delà, je penserai qu'on
doit mettre une grande différence
entre les Monasteres d'hommes &
ceux de filles.

Les premiers, ôtent des bras à
la Cultivation, & des hommes aux
Arts & au Commerce; ils n'ont
rien qui dédommage l'Etat, pour
lequel ces établissemens sont presqu'en pure perte; & la proposition
sera vraie, sur tout pour les Ordres
Mandians, qui ne vivant que des

aumônes des Fidèles, abforbent
des charités qui pourroient tomber en fecours fur des Travailleurs, & fur des hommes utiles
dans l'ordre de la fociété. Or ils
font établis, laiffons les donc fubfifter, mais ne permettons pas
qu'ils s'augmentent.

Si les Monafteres de filles portent quelque préjudice à la population, ils offrent un dédommage-
ment à la fociété publique, parce
qu'ils contribuent au foulagement
des familles pauvres, dans lefquel-
les la vertu, & les mœurs pourroient être expofées aux horreurs,
& aux inconvéniens de l'indi-
gence.

Ces maifons peuvent donc être
des afiles précieux à conferver, &
fi leurs œconomies étoient defti-
nées à faire la dot de pauvres filles,
qui fe voueroient à Dieu, ce feroit
un nouveau moyen de rendre leur

richeſſe utile à la choſe publique.

De là il ſuit, que l'on pourroit être moins rigide ſur l'augmentation des biens des Monaſteres de filles, que ſur les autres, parce que du moins, il y a un objet d'utilité, & que l'inconvénient ſeroit moindre.

M. de Monteſquieu, prétend que la magnificence du culte extérieur à beaucoup de rapport à la conſtitution de l'Etat, cela n'eſt pas toujours exactement vrai, & même dans les pays où les Loix ſomptuaires ont lieu, elles ne ſétendent pas ordinairement juſques-là. C'eſt cet objet qu'il nomme le luxe de la ſuperſtition. Il parle à cette occaſion de pluſieurs Loix de Solon & de Platon, ſur le luxe des funérailles, mais il me paroît que notre Auteur confond ici deux idées, qui doivent être totalement diſtinctes. Car le luxe

L. xxv; C. 7.

des funérailles n'eft qu'un luxe de
vanité & non pas de fuperftition.

La vanité, & l'intérêt de pré-
fenter du merveilleux au Peuple,
avoit introduit un luxe fans exemple dans les funérailles des Empereurs Romains.

A ce luxe, a fuccédé celui des
funérailles des Chrétiens, qui
mouroient martyrs de la foi ou en
odeur de fainteté, mais loin que
la vanité y eût aucune part, c'étoit
une efpéce d'hommage religieux
que l'on rendoit à la mémoire de
ces témoins de la foi.

Aujourd'hui les dignités du fiécle, font devenues le taux de cette
efpéce de luxe, qui ne peut plus
être qu'un luxe de vanité. Car
comme peu d'hommes fe conten-
tent de vivre felon leur état, ils
portent ce ridicule jufqu'après
leur mort.

Pour juger fainement dequel
coté

côté eft le premier tort, il faudroit
fçavoir, fi ce luxe a été confeillé
par ceux qui trouvoient à y gagner, ou s'ils n'ont fait que fe prêter
au goût & aux volontés des familles.

Je trouve en cela toutes fortes
de ridicules réunis. Premierement,
comme le remarque M. de Montefquieu, rien ne feroit fi naturel
que d'ôter la différence des fortunes dans une chofe, & dans des
momens qui les égalifent toutes.
Secondement, je fuis toujours
bleffé de voir facrifier des fommes
confidérables pour les funérailles
d'un homme, par exemple, qui
meurt infolvable, c'eft à mon gré
faire un vol a tous les Créanciers
de cet homme.

L'hiftoire feule pourroit gagner
quelque chofe à ces conftructions
fuperbes de maufolées, à ces pom-
peufes épitaphes, qui font partie

de ce luxe de vanité, mais ſi elles
ſont méritées, il vaudroit mieux
que ce fut le tréſor public qui en
fiſt la dépenſe. Ce ſeroit alors un
véritable honneur rendu à la mémoire des hommes illuſtres, qui
ne laiſſeroit ſubſiſter aucun ſoup-
çon de la vanité qui les éleve aujourd'hui.

C'eſt mal à-propos, ou plutôt
fort inutilement, que M. de Monteſquieu dit, qu'il ne faudroit pas
que la Religion encourageât les
dépenſes des funérailles. Ses con-
ſeils qui ſont ceux de l'humilité
les proſcrivent, mais il faudroit
que le miniſtre public les proſcri-
vit auſſi, & ſurtout qu'il fut libre
à chacun, ce qui n'eſt pas toujours, de ſe faire entérer à auſſi peu
de frais qu'il le voudroit.

L'exercice de la ſépulture des
morts a toujours été enviſagé
comme un acte religieux. Il ceſſe

de l'être, fi c'eft un métier qui
fe paye; les morts ne font pas
deftinés à faire fubfifter les vi-
vans.

Il y auroit beaucoup d'autres
abus de cette efpéce contre lefquels le bon fens fe révolteroit
avec raifon, mais il fuffit de reclamer celui-ci, pour avertir le
miniftere public de ceux auxquels
il pourroit être de fa fageffe de
pourvoir.

Nous ne connoiffons, pour ainfi
dire, point de Religion qui n'ait
des monumens, c'eft à-dire, des
Livres qui la fixent & l'établiffent.
Il leur faut des dépofitaires, c'eft
ce qui a fondé le Pontificat. Il y
en avoit dans le Paganifme; il y
en a dans la Religion de Mahomet; Jefus-Chrift en a établi un
pour la Loi des Chrétiens.

Il eft contraire à toutes les bonne régles, que le Pontificat &

L. xxv.
C. 8.

l'Empire ſoient réunis ſur une même tête. Ce ſont deux genres de miſſion tous différens.

L. xxv.
C. 9. 10. Il ne s'agit pas d'examiner ici, ſi l'on peut, théologiquement parlant, tolérer pluſieurs Religions, mais il eſt évident que, ſi les Loix d'un Etat ont cru devoir en ſouffrir pluſieurs, il faut qu'elles les obligent auſſi à ſe tolérer entre elles, ſans quoi les Loix de l'Etat tomberoient en contradiction avec elles-mêmes, & ceux qui les profeſſent agiroient contre les conſtitutions de l'Etat dans lequel ils vivent, & contre la tranquillité deſquels ils ne doivent rien entreprendre.

Le Mahometiſme doit être mis au rang des Religions intolérantes, qui par conſéquent ont plus de zéle pour leur propagation, que celles qui croient en pouvoir tolérer d'autres ; & dans ce cas c'eſt une très-bonne Loi civile, dans un Etat qui eſt ſatisfait de ſa Religion, de ne point ſouffrir l'établiſſement d'aucune autre. Ce doit être même le principe fondamental des Loix politiques en matiere de Religion.

Ordinairement le Prince eſt obligé, ſoit expreſſément, ſoit implicitement, de maintenir la Religion des pays qu'il gouverne. Quand il n'auroît à cet égard aucune obligation directe ni indirecte, il ne doit jamais oſer la changer. Un Etat ne change point en un inſtant de Religion & de mœurs, ni auſſi vîte que le Prince peut rendre une Ordonnance qui en preſcrive le changement : d'ailleurs, la Religion ancienne eſt toujours liée avec la conſtitution d'État, & la nouvelle n'y tient point ; & l'effet néceſſaire, au moins pendant quelque temps, de

L. xxv. C. 11.

pareilles entreprises, seroit de donner à l'Etat de mauvais citoyens & de mauvais fidéles.

L'Histoire moderne nous fournit plusieurs exemples de semblables ébranlemens. Ils subsistent moins sensiblement dans les pays où la Religion nouvellement dominante n'a pas proscrit les autres. Mais l'impression en est encore sensible dans ceux où la proscription de l'ancienne croyance n'a point encore été modifiée.

L. xxv.
C. 11.

Ceux qui ont entrepris des changemens de Religion, ont senti que pour réussir, il falloit plûtôt inviter que contraindre ; qu'il falloit donner à la faveur , aux commodités de la vie , aux moyens de fortune. Tel est le chemin qu'avoit pris Mahomet. Quand Luther & Calvin ont voulu former une nouvelle Doctrine, quant au Dogme, ils y ont joint une discipline

plus commode & plus relâchée.
Sans cela ils n'auroient pas réuffi.
L'homme qui communément
commence par fe confulter ne
change pas, pour être plus contraint qu'il ne l'étoit.

C'eft par un fuite de ce même
principe, que M. de Montefquieu
penfe qu'en fait de religion il faut
éviter les Loix pénales, parce que,
comme elles impriment de la crainte, & que la Religion a auffi fes Loix
pénales, quoique d'un autre genre
& d'une autre efpéce, l'une & l'autre crainte mettant les ames en
combat, les rendent atroces & les
portent au défefpoir.

La Religion a en effet de fi
grandes promeffes, & de fi grandes menaces, que lorfqu'elles font
préfentes à l'efprit, quelque chofe
que le Magiftrat puiffe faire, pour
nous contraindre à la quitter, il
femble qu'on ne nous laiffe rien

quand on nous l'ôte, & qu'on ne nous ôte rien quand on nous la laisse.

C'est ainsi que plus le sang des Martyrs fut versé abondamment, & plutôt le Christianisme s'établit.

Ce n'est donc point tomber dont le tolérantisme intérieur ni extérieur, que de dire, que dans le concours que les Loix humaines peuvent avoir en ce genre, elles ne doivent jamais s'écarter des principes que l'on vient d'établir, sans quoi elles ne feroient que renoncer & ne réédiffieroient point.

L. xxv. C. 13. M. de Montesquieu rapporte à cette occasion une remontrance faite aux Inquisiteurs d'Espagne & de Portugal, à l'occasion d'une Juive brûlée dans un *Auto-da-fe.* C'est dommage que cette piéce ait été faite pour la défense d'une aussi

mauvaise

mauvaise cause. Car il faut convenir, qu'elle contient des choses
admirables sur la charité & la douceur de l'Evangile.

» Si vous avez, leur dit l'Au-
» teur, la vérité, ne nous la cachez
» pas, par la maniere dont vous
» nous la proposez. Le caractere
» de la vérité, c'est son triomphe
» sur les cœurs & sur les esprits,
» & non pas cette impuissance,
» que vous annoncez, lorsque vous
» voulez la faire recevoir par les
» supplices.

Il leur reproché leur cruauté,
» dans un siécle où la lumiere na-
» turelle est plus vive qu'elle n'a
» jamais été ; où la morale de
» l'Evangile est plus connue; où
» les droits respectifs des hommes
» les uns sur les autres, & l'em-
» pire qu'une conscience a sur une
» autre conscience, sont mieux
» établis, &c.

D d

M. de Montesquieu auroit cependant pû se dispenser de rap-
porter cette piéce toute entiere,
parce qu'elle n'est pas bonne toute
entiere; mais j'ai été frappé principalement du reproche qui se
trouve à la fin, quand l'Auteur dit,
» voulez vous que nous disions
» naturellement notre pensée, vous
» nous regardez (il auroit pû ajou-
» ter), & vous nous traitez, plu-
» tôt, comme vos ennemis que
» comme les ennemis de votre
» Religion.

En effet les intérêts de Dieu,
& ceux des hommes, ne veulent
point être défendus, ni vengés de
la même façon, ni par les mêmes
armes, c'est avilir ceux de Dieu,
que de les soumettre à de pareils
moyens & à de pareilles méthodes; & c'est par conséquent les
trahir,

PARAGRAPHE XVI.

Conclusion de l'Ouvrage.

ARRIVEZ enfin au bout de notre carriere, il nous reste encore quelques réflexions à faire sur le plan général de notre Auteur.

Il nous semble, qu'il a eu essentiellement en vûe les intérêts de la société particuliere, en même temps que ceux de la société générale des hommes, & qu'il a senti la nécessité, pour ne pas perdre le fil de la vérité, de ne point séparer l'homme de la Loi, ni la Loi de l'homme; parce qu'en effet, il faut que la Loi convienne à l'homme, & que l'homme convienne à la Loi; sans quoi la Loi deviendroit impuissante, & l'homme

D d ij

demeureroit ſans ſecours.

Les hommes conſidérés chacun en eux mêmes, ou dans leurs
rapports réciproques, ont cherché
eux-mêmes ce ſecours, ſoit en faiſant ou en ſollicitant des Loix
dont ils ſentoient le beſoin. On
voit par les efforts ſucceſſifs de la
légiſlation, ſi nous pouvons nous
ſervir de ce terme, dans les différens pays & dans les différens
âges, que les hommes ont toujours tendu à ce qui étoit le mieux,
quoique ſouvent ils n'ayent pas
atteint d'abord ce but, ſoit faute
de lumieres ou faute de pouvoir
tout prévoir.

Les Loix ſe ſont donc corrigées
ſucceſſivement, elles ſe ſont même
néceſſairement multipliées, mais
comme de cette même multiplication, il a dû naître des complica-
tions, des obſcurités des contra-
dictions apparentes, les gouverno-

mens fages, ont été ceux qui, d'a-
près la maxime de Cicéron, *plu-*
rimæ Leges peffima Republica, trouvant affez de Loix fe font occupés
à en fixer le fens & les applications; enforte que chacun fût ce
qu'il pouvoit faire, ou ce qu'il ne
devoit pas faire, ce dont'il pouvoit fe plaindre, ou ce dont il devoit fe contenter; car c'eft en cela
précifément, que confifte ce lien,
qui unit plufieurs hommes ou plufieurs fociétés. C'eft cela feul qui
affure & qui détermine l'état civil
& politique.

Il n'y a pour ainfi dire pas un
moment, pas une circonftance
dans la vie, où l'homme n'ait à
fe demander. *Quid agendum.* Indé-
pendamment des lumieres naturelles, il faut encore qu'il puiffe
confulter quelque Oracle, & cet
oracle eft la légiflation faite &
fubfiftante.

La foibleffe & les fantaifies de l'homme, le conftituent pour ainfi dire dans un état de maladie continuelle. S'il ne trouve pas des Loix propres pour fon genre de maladie, il fera autant à plaindre qu'un malade de la poitrine, à qui l'ôn donneroit des remédes pour l'eftomac ; & voilà pourquoi il faut que la Loi convienne à l'homme.

M. de Montefquieu, pénétré fans doute de cette vérité, a donc cru devoir commencer par jetter un coup d'œil d'impartialité fur la nature de chaque chofe, & de chaque objet, pour s'en former des idées nettes & précifes.

Il leur a comparé les Loix en différens âges, & en différens pays, pour en connoître l'analogie ou la diffonnance avec leurs objets, & c'eft d'après cela qu'il a cru pouvoir propofer fes prin-

cipes comme des axiomes indu-
bitables.

Mais il n'eſt point dans l'ordre
de la nature, d'homme univerſel,
& toutes les notions premieres
ſur chaque matiere n'ont pas pû
appartenir à M. de Monteſquieu.
C'eſt ce qui fait qu'il a pû facilement errer d'après des hypothè-
ſes fauſſes que l'on a offertes à ſon
génie. Telle la partie du commerce, & de la finance, & celle de
la politique.

Soit que M. de Monteſquieu,
ait eu une direction particuliere
dans les recherches immenſes
qu'il a faites, ſoit qu'il n'ait effectivement formé ſon ſyſtême que
ſur l'aſſemblage de ces différens
matériaux, il ne faudra point être
étonné que cet Ouvrage, ainſi
qu'il ledit, lui ait couté vingt années de travail. Peut être ſeroit-
il à ſouhaiter qu'il eût apporté plus

de choix dans les autorités qu'il a empruntées, non ſur l'Hiſtoire ancienne ſur laquelle on voit qu'il a puiſé dans les meilleures ſources, mais ſur l'Hiſtoire & le gouvernement des pays éloignés, d'après des Voyageurs dont peu ſont en réputation d'exactitude & de lumieres.

Il faut donc lire l'Ouvrage de M. de Monteſquieu, moins comme un guide ſûr dans toutes les matieres qui y ſont traitées, que comme un travail propre à donner de grandes idées, & à ouvrir de grandes vûes, mais ſuſceptibles encore d'être rectifiées ou perfectionnées à meſure, par ceux qui ont fait ſur chaque matiere des études particulieres.

Il n'y a point, par exemple, de partie du gouvernement public qu'on puiſſe dire être parvenue à toute ſa perfection. Si tant eſt que

cela puiffe jamais arriver, ce ne
fera peut être l'ouvrage que de
plufieurs générations, peut être
même de quelques fiécles. Mais
un Livre qui apprend à penfer,
& qui invite à méditer eft toujours un ouvrage utile & précieux,
furtout, quand il eft établi comme
celui-ci, fur l'amour de l'homme
& fur l'attachement à la patrie &
aux devoirs.

Avec de pareils fentimens, on
ne peut jamais errer dangereufement, & il ne nous refte qu'à
fouhaiter que ceux qui pourroient
par la fuite travailler avec autant
de génie que M. de Montefquieu,
fi cela eft poffible, puiffent être
guidés par la même pureté d'intentions.

M. de Montefquieu dans la vie
civile étoit un parfaitement honnête homme, & dans l'ordre de
la fociété on fent qu'il aimoit

le bonheur des hommes, & que s'il s'eſt propoſé de leur ôter des pré- jugés, ce n'a point été pour les porter au relâchement des mœurs ou à la licence de l'eſprit.

F I N.

TABLE

DES MATIERES.

A

H

H O M M E. (l') Seul Eſtre intelligent, 2. Dans l'état de nature, quelles
feroient ſes idées, 4. Son premier
état auroit été un état de paix. Pourquoi. *Ibid.*

I

L

N

Fin de la Table des Matieres.

www.ingramcontent.com/pod-product-compliance
Lightning Source LLC
Chambersburg PA
CBHW061123220326

41599CB00024B/4151